Die provenzalische Landhausküche

für meine Tochter Emmanuelle
und meine Enkelin Chiara

Élisabeth Bourgeois

Die provenzalische Landhausküche

Spezialitäten aus dem Süden Frankreichs

Fotos
Pierre Manetti

Sommelier
Philippe Baique

Mosaik

Vorwort

In der Kochkunst erweist sich das alte Sprichwort »Wie der Vater, so der Sohn« nur selten als zutreffend. Ich finde, es müßte vielmehr lauten: »Wie die Mutter, so der Sohn«. Denn das würde erklären, warum manche jungen Männer den brennenden Wunsch verspüren, den Beruf des Kochs zu erlernen. Auch ich hatte das Glück, zu diesen jungen Männern zu gehören, und konnte dabei nicht nur von der kulinarischen Begabung meiner lieben Großmutter, Aimée Boulanger, sondern später auch vom Talent ihrer Tochter – meiner Mutter – profitieren, die bei ihr in die Schule der Gaumenfreuden gegangen war. Und seither begegne ich der weiblichen Kochkunst mit größter Hochachtung.

Zu meinen »Küchengefährtinnen«, wie sie sich gerne nennen ließen, zählten die unterschiedlichsten Frauen: einfache, alte Frauen vom Land, Fabrikarbeiterinnen, Schloßherrinnen, kreative Hobbyköchinnen, Direktorengattinnen oder sogar Frauen, die selbst Führungspositionen bekleideten. Sie alle strahlten, wenn sie über ihre Rezepte sprachen, jene Begeisterung und jene Natürlichkeit aus, die mir stets imponiert und mich zum Bewunderer ihrer Begabung gemacht haben – einer Begabung, die sich mit größter Bescheidenheit und Selbstverständlichkeit ausdrückte. Élisabeth Bourgeois ist eine dieser Frauen.

Ihre Gerichte sind Ausdruck ihrer Intuition und ihres Temperaments. Wenn sie sie gelegentlich einfallsreich abwandelt, tut sie dies, dank ihrer Erfahrung und ihres Geschicks, stets mit Bedacht und verfällt dabei nicht der Mode oder irgendeiner kulinarischen Strömung. Ihre Speisen sind so wie sie selbst und spiegeln wider, was sie gerade geben möchte. Und dabei helfen ihr die ihr eigene Sensibilität und ihr ästhetisches Empfinden.

Ich weiß, daß sie schon seit langem mit der Sonne, die ihr die meisten ihrer ausgezeichneten Zutaten liefert, im Bunde steht. Sie strahlt unablässig auf das *Mas Tourteron* und seine Küche herunter und dringt sogar in den von Linden beschatteten Garten, in dem es sich so angenehm speisen läßt.

Dieser herrliche Ort und all seine Bewohner, denen Sie, liebe Élisabeth, die Idee zu dieser Sammlung von Gaumenfreuden verdanken, mit der Sie uns hier beschenken, ist das nicht an sich schon ein ausgezeichnetes Rezept?

Haben Sie Dank dafür, meine liebe »Küchenkameradin«.

MICHEL GUÉRARD

Glück und Bodenständigkeit...

Als ich sieben Jahre alt war, schenkte mir mein Vater nach der Rückkehr von einer der Auktionen, die er so gerne besuchte, eine hübsche, kleine Louis-treize-Bank. Damit konnte ich an den Tisch heranreichen, auf dem meine Mutter ihre Kunst, das Kochen, ausübte. Obwohl ich noch so klein war und es mich einige Anstrengung kostete, walzte ich den Mürbteig aus, ließ ihn dann langsam auf das mit Mehl bestäubte Blech gleiten und belegte ihn schießlich mit den Spalten der verschrumpelten Äpfel, die ich in unserem Garten aufgesammelt hatte. Das war 1955 im Hotel *Le Gai Logis* in Champigny-sur-Yonne, das meinen Eltern gehörte.

Meine Mutter, eine hervorragende Köchin, hatte diesen harten Beruf aus Begeisterung gewählt und bewirtete ihre Gäste, die schon bald zu Freunden wurden, mit herrlichen Speisen. Die wenigen Gemüsesorten, die mein Großvater Léon mit Liebe in seinem Garten zog, bildeten die Beilage zu einem Hecht oder einem Karpfen, der frisch aus dem benachbarten Teich kam. An den Küchenwänden glänzte das ordentlich aufgereihte Kupfergeschirr – die Hinterlassenschaft meiner Urgroßmutter, einer in ihrer Gesetztheit und Würde imponierenden alten Frau, die fünfzig Jahre lang das Regiment in der Küche des winzigen Hotels *Aux Marches des Flandres* geführt hat. Meine Mutter erzählt mir noch heute von der Kirmes, jenen Dorffesten, bei denen sich die langen Holztische unter der Last der endlosen Reihen mit Zucker bestäubter Waffeln bogen. In einem großen Weidenkorb unter dem Tisch sitzend schaute ich ihr bei der Arbeit zu. Die Erinnerung an meine Kindheit ist zugleich die Erinnerung an den Duft der Konfitüren mit ihren perlenartigen Zuckerkristallen, an das Rosen- und Johannisbeergelee, die in den Kupfertöpfen vor sich hin kochten. Schon sehr früh übertrug mir meine Mutter einige kleinere Küchenarbeiten, die ich mit großem Stolz verrichtete. Und zusammen mit meiner achtzehn Monate älteren Schwester Maryse nutzte ich die gelegentliche Abwesenheit der Eltern, um erste eigene Kocherfahrung zu sammeln. Großvater Bourgeois, der mit einem gesunden Appetit gesegnet war, spielte freundlicherweise das Versuchskaninchen für uns. Dabei fällt mir mein erstes Soufflé ein – eine wahrhaft »gräßliche Pampe«.

Schon sehr früh hatte ich den Wunsch zu arbeiten. Meine Eltern beugten sich der Tatsache, daß es mit einem Studium bei mir wohl nichts werden würde. Aber eine Leidenschaft zeichnete sich bereits ab: Ich wollte Köchin werden! Ein Weg, der mir eigentlich vorgezeichnet war. Und so beschloß ich, in die Fußstapfen meiner Vorfahren zu treten und meine Sache noch besser zu machen. Meine Familie stammte ursprünglich nicht aus der Provence, sondern kam aus der Rue de la Glacière 24 in Paris, jenem Haus, in dem auch Marie Curie einige Jahre lebte. Und viele von ihnen hatten beruflich mit Kochen und Ernährung zu tun. Später führte der Beruf meine Eltern zufällig in den Süden Frankreichs, und so zogen wir im Winter 1962 in das nette Örtchen Jouques, unweit von Aix-en-Provence. Ich war damals gerade mitten in der Pubertät, und die mir fremde Kultur, die neue Umgebung und der Mistral, der den Himmel innerhalb weniger Minuten für drei, sechs oder auch neun Tage verfinstert, beeindruckten mich sehr. Ganz zu schweigen von den Mandelblüten und den Mimosen, die hier selbst im tiefsten Winter blühen. Was für ein Wunder! Unsere nächste Station war das *Miradou* in Cavaillon, wo ich einige Jahre bei meiner Mutter in der Küche in eine harte Lehre ging.

Doch schon sehr bald brach ich zu neuen Ufern auf: Es folgten Heirat, die Geburt meiner Tochter Emmanuelle, und noch immer arbeitete ich in der Küche. Einige unserer Stammgäste, darunter die Schriftstellerin Marie Mauron, zeigten mir den Unterschied zwischen Folklore und echter Tradition. Und so lösten Hammelkutteln à la Marseillaise die Burgunder Schnecken ab, und die *Cuisinière Provençale* (Die provenzalische Köchin) von Reboul wurde zu meiner Lieblingslektüre, ja sogar zu einer regelrechten Bibel. Durch die Begegnung und spätere Freundschaft mit dem jungen Koch Jean Chaudat, der leider viel zu früh von uns gehen mußte, machte ich Bekanntschaft mit der kulinarischen Begabung und Intuition eines wahren Künstlers. Sein Tod hinterließ bei der großen Familie der Köche eine schmerzhafte Lücke. Im Alter von 24 Jahren eröffnete ich in Avignon das

Petit Bedon, mein erstes eigenes Restaurant. Damals beflügelten uns Michel Guérard und seine Nouvelle cuisine. Die Saucen wurden leichter, und wir kreierten die ausgefallensten Salate. Acht Jahre lang zollten die Restaurantführer meiner Arbeit Anerkennung. Dann fühlte ich mich sicher genug, eine größere Herausforderung anzunehmen und so leitete ich in den folgenden fünf Jahren die Küche des *Mas de la Bertrande.*

Es folgte ein neues Glück mit Philippe, der Wunsch nach einem neuen, eigenen Restaurant und die Rückkehr in unseren geliebten Luberon. Und so eröffneten wir dort das *Mas Tourteron,* das zwischen Weinbergen und Olivenhainen, am Fuße des hübschen Örtchens Gordes liegt. Nach einer kleinen Serpentinenstraße fährt man durch eine von weißen Blumen gesäumte Allee und gelangt schließlich am Tor des geschlossenen Gartens an, wie er für die Bauernhäuser des Vaucluse typisch ist und der als Schutz vor dem Mistral dient. Ein zauberhafter, von einer alten Linde beschatteter Ort. Und aus dem Gezwitscher der Vögel, die dort in Käfigen sitzen, und dem Gemurmel an den wenigen, weiß und blau gedeckten Tischen vor dem kleinen Wasserbassin werden Sie das Loblied auf die Kochkunst einer Frau, auf eine unverfälschte heimische Küche heraushören. Für Philippe und mich ist dieser hübsche, hochgelegene Wohnsitz, eine ehemalige Seidenraupenzucht, die um 1850 erbaut wurde, zugleich Wohn- und Arbeitsstätte, und wir haben unser tägliches Leben ganz dem Kommen und Gehen in unserem Haus angepaßt. Das ganze Jahr blicken wir auf einen mit weißen und blauen Punkten – meinen Lieblingsfarben – durchwirkten Garten. Eine hübsche Weinlaube, die im Frühling über und über mit hellen Blüten bedeckt ist, sorgt im Haus für angenehme Kühle. Vor der großen Küche, einer typischen Hausfrauenküche mit einem gefliesten Fries, Gewürztöpfen und viel glänzendem Kupfergeschirr, das von Generation zu Generation vererbt wurde, erstreckt sich ein großer Garten. Zu allen Jahreszeiten finden sich unsere Gäste, fast alles Freunde, auf dieser Insel des Friedens ein und genießen hier die typisch provenzalische Atmosphäre.

Mit diesem Buch möchte ich Ihnen die Möglichkeit geben, ein wenig am Leben des *Mas Tourteron* teilzuhaben – an den Festen und den geselligen Zusammenkünften, die ganz im Zeichen einer guten, bodenständigen Küche stehen.

E.B.

Inhalt

Zu Gast bei den Schafhirtinnen

Unsere Freundinnen Babeth und Catherine betreiben eine Schafzucht in Lagarde d'Apt, einem abgelegenen Weiler mit nur wenigen Seelen im Pays de Sault.

Der Weg über die kleine Serpentinenstraße hat uns Appetit gemacht. Aber die herrliche Landschaft, die sich am Ende des Weges vor uns auftut, ist auch wirklich einen Bärenhunger wert. Die Eselin Flora begrüßt uns mit merkwürdigen Lauten, dann gelangen wir zum Schafstall, aus dem es angenehm nach Blumen und Heu duftet. Jedes der Schafe hat einen Namen: Da sind Schokolade mit ihren beiden Töchtern Thelma und Louise, Schnittlauch und Lorbeer, die in einer Ecke weiden, und Komischer Kauz, ein kleiner schwarzer Bock, der sich hinter unserem Rücken versteckt.

Während Babeth unsere Gläser füllt, reicht uns Catherine kleine Ziegenkäsehäppchen.

Zu Tisch!

Käseterrine mit Paprika und Zitronenmelisse

Vorbereitung: 30 Minuten
Zubereitung: relativ einfach

Für 8 bis 10 Personen

1 kg frischer, weicher Ziegenkäse, je 1 rote, gelbe und grüne Paprikaschote, 100 g entsteinte schwarze Oliven, 30 g Pinienkerne, 7 Blatt Gelatine, 50 g Sahne, 6 Zucchini, 125 ml Olivenöl, 2 Knoblauchzehen, 1 kleines Bund Melisse, 1 TL Kümmel, Salz, Pfeffer aus der Mühle, Saft von 1 Zitrone

Die Paprikaschoten zunächst unter den Backofengrill schieben und von allen Seiten rösten, bis die Haut schwarz wird. Die Schoten dann in eine Zeitung wickeln und 15 Minuten ruhenlassen. Die Haut anschließend unter fließendem Wasser entfernen und das Fruchtfleisch in dünne Streifen schneiden.

2 Eßlöffel Olivenöl langsam in einer kleinen Kasserolle erhitzen, den gehackten Knoblauch und die Paprikastreifen hineingeben, mit etwas Kümmel, Salz, Peffer und ein paar abgezupften Melisseblättchen bestreuen und 15 Minuten bei schwacher Hitze einkochen lassen. Das Ganze dann abkühlen lassen und kalt stellen.

Die Zucchini waschen, in feine Streifen schneiden und 5 Minuten dünsten. Danach mit Olivenöl beträufeln, mit Kümmel, Salz und Pfeffer bestreuen und mit Frischhaltefolie abdecken.

Die Oliven hacken, mit den Pinienkernen vermischen und in einer Schüssel mit dem Käse vermengen. Die in kaltem Wasser eingeweichten Gelatineblätter herausnehmen, ausschütteln, in der erhitzten Sahne auflösen und zu der Käsemasse geben. Mit etwas Salz und Pfeffer abschmecken und kalt stellen.

Eine feuerfeste Tonform mit Öl ausstreichen und abwechselnd mit den Zucchinistreifen, der Käsemasse und den Paprikastreifen füllen. Den Abschluß bildet eine Schicht Zucchini. Mit Frischhaltefolie abdecken, mit einem 1 kg schweren Gewicht beschweren und 24 Stunden kalt stellen.

Die Terrine aufschneiden und jede Scheibe mit Paprikastreifen auf einem Teller anrichten. Den Paprika mit Zitronensaft beträufeln und mit Zitronenmelisse garnieren.

WEIN
Ein trockener, fruchtiger Côtes du Ventoux.

Teigtaschen mit Wildreis und Ziegenkäse

Vorbereitung: 5 Minuten
Garzeit: 45 Minuten
Zubereitung: einfach

Ergibt 10 Teigtaschen

150 g Wildreis, 1 Zwiebel, 1 l Brühe, 2 EL Olivenöl, 5 Brick-Teigblätter oder in türkischen Geschäften erhältliche Yufka-Teigblätter, 1 kleiner geriebener Ziegenhartkäse, Salz, Pfeffer, Bohnenkraut, 3 kleine Ziegenhartkäse.

Das Öl in einer Pfanne erhitzen, die gehackte Zwiebel hineingeben und gut umrühren.

Die Brühe in einem Topf erhitzen.

Den Reis in die Pfanne geben, umrühren und unter ständigem Rühren nach und nach die heiße Brühe angießen. Das Ganze zum Kochen bringen, mit Salz und Pfeffer würzen und so lange kochen lassen, bis die gesamte Flüssigkeit verdunstet ist. Anschließend mit dem geriebenen Ziegenkäse bestreuen und zur Seite stellen.

Die 3 kleinen Ziegenkäse vierteln. Die Teigblätter zu Halbkreisen zurechtschneiden, mit je 1 Eßlöffel Reis und 1 Stück Ziegenkäse belegen und zu Dreiecken zusammenfalten. Die Teigtaschen mit etwas Öl bepinseln und im Ofen goldgelb backen.

Statt Wildreis können Sie auch roten Griotto-Reis aus der Camargue verwenden. Er ist allerdings nur schwer zu bekommen.

WEIN
Ein frischer Côtes du Luberon blanc.

Gegrillte Ziegenkäse mit Rosmarin

Vorbereitung: 10 Minuten
Garzeit: 10 Minuten
Zubereitung: sehr einfach

Für 6 Personen

6 kleine, nicht zu harte Ziegenkäse, 3 Tomaten, 6 frische Rosmarinzweige, etwas Olivenöl, Salz, Pfeffer aus der Mühle

Die Tomaten 2 Minuten in kochendes Wasser legen, anschließend abschrecken und enthäuten. Das Fruchtfleisch fein würfeln und auf sechs kleine, feuerfeste Förmchen verteilen. Die Ziegenkäse darauf legen und mit Salz und Pfeffer würzen. Mit dem abgezupften Rosmarin bestreuen, mit Olivenöl beträufeln und 10 Minuten unter den Backofengrill schieben.

Verwenden Sie möglichst einen weichen Halbhartkäse aus Ziegenmilch.

Der nussige Picodon mit der feinen Kruste, der in der Nähe von Valréas hergestellt wird, eignet sich besonders gut für dieses Rezept.

Gratiniertes Zickleinfleisch

Vorbereitung: 5 Minuten
Garzeit: 25 Minuten
Zubereitung: sehr einfach

Für 6 bis 8 Personen

1 kg Zickleinfleisch (Hals- oder Rippenstück), 250 g Zickleinleber, 1 pariertes Zickleinherz, 3 Tomaten, einige Basilikumstengel, 1 Zwiebel, 3 Knoblauchzehen, 150 g geriebener Parmesan, 3 Eier, 1 EL Sonnenblumenöl

Das Fleisch in Würfel schneiden und mit der in dünne Ringe geschnittenen Zwiebel in dem Öl in einer Pfanne kräftig anbraten. Das Herz und die Leber ebenfalls würfeln und zu dem Fleisch in die Pfanne geben. Anschließend die enthäuteten, grob gehackten Tomaten dazugeben. Den Knoblauch in feine Scheiben schneiden und ebenfalls zu dem Fleisch geben. Etwa 20 Minuten bei schwacher Hitze köcheln lassen und danach mit dem feingehackten Basilikum bestreuen.

Die Eier verquirlen. Das Fleisch in eine flache Auflaufform geben, mit der Eiermasse übergießen und bei schwacher Hitze unter dem Backofengrill gratinieren. Zuletzt mit dem geriebenen Parmesan bestreuen.

Für dieses Gericht können Sie auch Innereien vom Lamm oder Geflügelleber verwenden. Ursprünglich stammt das Rezept aus Italien.

WEIN

Ein Saint Joseph rouge, ein leichter, gefälliger Côtes-du-Rhône-Wein.

Frischkäse mit Zucchiniraspeln

Vorbereitung: 5 Minuten
Zubereitung: sehr einfach

Für 6 Personen

300 g Frischkäse oder frischer Ziegenkäse, 2 Zucchini, 1 Handvoll Korinthen, 1 EL gemahlener Kümmel, 1/2 EL gemahlener Zimt, 1 Msp. Curry, Salz, Pfeffer, 1 feingeschnittene Schalotte, 1 EL Zitronensaft, einige frische Minzeblättchen

Die Zucchini waschen, wie Möhren reiben und mit dem Frischkäse vermengen. Die Gewürze, die Schalotte und die Korinthen hinzufügen, mit Zitronensaft, Salz und Pfeffer abschmecken und kalt stellen. Mit Minzeblättern garnieren und mit geröstetem Brot servieren.

Wildkaninchenrücken mit Ziegenkäse und Oliven gefüllt

Vorbereitung: 10 Minuten
Garzeit: 35 bis 40 Minuten
Zubereitung: relativ einfach

Für 4 Personen

2 ausgelöste Kaninchenrücken, 2 Schweinenetze, 100 g entsteinte schwarze Oliven, 2 Kaninchenlebern, 1 Zwiebel, 150 g frischer Ziegenkäse, 1 Glas Weißwein, 1 EL feingehackte Estragonblätter, Salz, Pfeffer, 200 g Crème fraîche, 1 EL Olivenöl

Die Schweinenetze auf dem Tisch ausbreiten. Die auseinandergeklappten Kaninchenrücken darauf legen und mit Salz und Pfeffer würzen. Die Leber gleichmäßig darauf verteilen und den Ziegenkäse und die grob gehackten Oliven darauf geben. Die Kaninchenrücken dann – gegebenenfalls mit Bindfaden – gut verschließen.

Das Olivenöl in einem Schmortopf erhitzen und die gehackte Zwiebel goldgelb darin anschwitzen. Die Kaninchenrücken hineingeben, mit Salz und Pfeffer würzen und 15 bis 20 Minuten goldgelb anbräunen lassen. Den Topf anschließend zudecken. Nach 10 Minuten den Weißwein angießen und nacheinander den Estragon und die Crème fraîche dazugeben. Weitere 10 Minuten zugedeckt köcheln lassen. Vor dem Servieren die Fäden entfernen und das Fleisch wie einen Braten aufschneiden.

Dazu reichen Sie Pilze.

WEIN

Ein Côtes du Luberon rouge,
Domaine de la Royère, mit leichter Tanninnote.
Auf die richtige Temperierung achten.

Käsekuchen mit Zitronenmelisse

Vorbereitung: 15 Minuten
Backzeit: 50 Minuten
Zubereitung: einfach

Für 6 Personen

250 g frischer Ziegenkäse, 200 g Crème fraîche, 150 g Puderzucker, 100 g Butter, 4 Eier, abgeriebene Schale von 2 Zitronen, 1 Bund Zitronenmelisse

Die Eier trennen und die Eigelbe in einer Schüssel mit dem Zucker schaumig schlagen. Den Ziegenkäse, die Crème fraîche und die Zitronenschale dazugeben. Die Butter schmelzen und unter den Teig rühren.

Die Eiweiße steifschlagen und vorsichtig unter den Teig heben. Zum Schluß die feingehackte Melisse hinzufügen.

Eine flache Keramikform mit Butter einstreichen, den Teig einfüllen und bei schwacher Hitze (160 Grad) 50 Minuten backen.

Warm oder kalt mit Feigenkonfitüre und frischen gehackten Mandeln servieren.

WEIN
Ein halbtrockener Anjou.

Hochzeit im Frühling

Ohne einander zu kennen, haben Isabelle, Mickan und Valérie eines gemeinsam: Sie alle haben einmal im Mas Tourteron *Hochzeit gefeiert.*

Bereits in den ersten Apriltagen hängten wir an den Gartentoren Willkommensschilder auf. Die Mauern brachen beinahe unter der Last der weißen Rosengirlanden zusammen, die mit blaßblauen Blüten durchsetzt waren. Der Karpfen Paulette mußte aus seinem kleinen Wasserbassin in eine große Zinkwanne umziehen, denn wir füllten den Brunnen mit großen, glänzenden Eisquadern, um die zahllosen Flaschen zu kühlen. In der Küche herrschte geschäftiges Treiben. Armelle formte kleine Brotherzen, die als Serviettenringe dienen sollten. Sandrine, unsere Konditorin, bereitete die große Saint-Honoré-Torte mit Erdbeeren zu und schimpfte, weil sie sich bei der Zubereitung der Karamelcreme die Finger verbrannt hatte. Philippe hatte ein Auge darauf, daß die Tische tadellos gedeckt wurden.

Schließlich traf die Hochzeitsgesellschaft ein und versammelte sich unter den Kirschbäumen.

Das Fest konnte beginnen!

Artischocken mit Stockfischpüree

Vorbereitung: 15 Minuten
Garzeit: 10 Minuten
Zubereitung: einfach

Ergibt 12 Stück

12 kleine Artischocken, 1/2 Zitrone, 1/2 l Weißwein, 2 EL Olivenöl, 10 Korianderkörner, 1 Knoblauchzehe, Salz, Pfeffer, Saft von 1 Zitrone, gemischte Kräuter, 300 g Stockfischpüree (Rezept Seite 177)

Reichlich Wasser in einem großen Kochtopf mit dem Wein, dem Olivenöl, dem Knoblauch, den Gewürzen und der halben Zitrone erhitzen. Die Artischocken waschen. Die stacheligen Blattspitzen abschneiden, die äußeren harten Blätter und das Heu entfernen. Die Artischocken mit Zitronensaft beträufeln und 10 bis 12 Minuten garen. Die abgekühlten Artischocken mit dem Stockfischpüree füllen und mit Kräutern garnieren.

Gebackene Bonbons mit Stockfischfüllung

Vorbereitung: 5 Minuten
Backzeit: 10 Minuten
Zubereitung: einfach

Ergibt 12 Stück

6 Brick-Teigblätter oder in türkischen Geschäften erhältliche Yufka-Teigblätter, 250 g Stockfischpüree (Rezept Seite 177)

Die Teigblätter auf dem Tisch ausbreiten und halbieren. Auf jede Hälfte 1 kleinen Eßlöffel Stockfischpüree geben. Die Enden wie bei einem Bonbon verschließen und bei 180 Grad 10 Minuten goldgelb backen.

WEIN
Gris-de-gris, ein leichter Sandwein mit intensivem Bouquet.

Ricottataschen

Vorbereitung: 30 Minuten
Garzeit: 5 Minuten
Zubereitung: einfach

Für 4 Personen

Für den grünen Teig: 200 g Mehl, 2 Eigelb, 2 EL Olivenöl, 50 g gekochter Spinat, Salz
Für die Füllung: 100 g Ricotta, 2 Eigelb, 2 EL geriebener Parmesan, 1 EL Basilikum, Salz, Pfeffer
8 Schnittlauchstengel, 12 Basilikumblätter, Salz, Pfeffer, Olivenöl

Für den Teig das Mehl, die Eigelbe, das Öl und den Spinat in die Küchenmaschine geben. Mit Salz würzen und zu einem geschmeidigen Teig verrühren.

Für die Füllung die Ricotta, die Eigelbe, den Parmesan und das feingehackte Basilikum in der Küchenmaschine gründlich vermengen und abschmecken.

Den Teig sehr dünn ausrollen und acht, jeweils 12 × 12 cm große Quadrate daraus ausschneiden. Die Füllung auf die Quadrate verteilen. Die Quadrate anschließend zu Taschen verschließen, mit den Schnittlauchstengeln zusammenbinden und kalt stellen.

3 l Salzwasser zum Kochen bringen, das Olivenöl dazugeben und die Teigtaschen 5 Minuten darin garen.

Vor dem Servieren mit den Basilikumblättern garnieren.

Eine sommerliche Vorspeise mit italienischem Einschlag. Man kann die Ricottataschen aber auch mit einer Sauce als Beilage zu Lamm reichen.

WEIN
Ein weißer Costières de Nîmes, Château de Belle Coste, ein angenehmer und sehr ausgeglichener Wein.

Cassolettes mit Spargel und jungen Erbsen

Vorbereitung: 30 Minuten
Garzeit: 10 Minuten
Zubereitung: relativ einfach

Für 4 Personen

je 1 Handvoll junge grüne Erbsen, Dicke Bohnen und Prinzeßbohnen, 1 kg grüner Spargel, 4 Brick-Teigblätter, 200 g Crème fraîche, 1 Bund gemischte frische Kräuter, 2 Scheiben geräucherter Schweinebauch, 100 ml Hühnerbrühe, Pfeffer, 2 EL Butter

Vier Glasschälchen mit 10 cm Durchmesser jeweils mit 1 Teigblatt auskleiden. Aus Alufolie vier Kugeln formen und in die Mitte der Schälchen geben. Den Backofen auf 100 Grad vorheizen und dann ausschalten. Die Schälchen für 5 Minuten hineingeben (der Teig darf keine Farbe annehmen) und dann zur Seite stellen.

Den Spargel schälen, waschen, trockentupfen, kleinschneiden und beiseite legen. Die Erbsen auspalen, 3 Minuten blanchieren und danach abschrecken. Die Dicken Bohnen ebenfalls auspalen, 2 Minuten in kochendes Wasser geben, damit sich das Häutchen entfernen läßt. Die Bohnen putzen, bißfest garen, in kleine Stücke schneiden und zur Seite stellen. Die Butter in einer Pfanne erhitzen und nacheinander den in Streifen geschnittenen Schweinebauch und den Spargel hineingeben. Mit Pfeffer würzen, aber nicht salzen. Die Brühe angießen und das Ganze 5 Minuten kochen lassen. Anschließend das restliche Gemüse, die Crème fraîche und die feingehackten Kräuter dazugeben und umrühren.

Das Gemüse kurz vor dem Servieren auf die Schälchen verteilen. Um dem Gericht eine schöne grüne Farbe zu geben, einige Stengel Petersilie mit 2 Eßlöffeln Öl pürieren und die Brick-Teigblätter damit bestreichen.

WEIN
Ein Muscat d'Alsace.

Taubenbrüstchen im knusprigen Teigmantel

Vorbereitung: 5 Minuten (am Vortag)
+ 1 Stunde
Garzeit: 20 Minuten
Zubereitung: schwierig

Dieses etwas aufwendige Gericht sollte man für mindestens 8 Gäste zubereiten.

4 Täubchen à 500 g (vom Geflügelhändler entbeinen lassen), 300 g Champignons, 4 rote Zwiebeln, 2 EL Honig, 2 EL Essig, 1 Packung Brick-Teigblätter, 1 EL Ingwer, 3 Knoblauchzehen, 1 EL Zimt, 230 g Gänseschmalz, 1 Minzezweig, 1 frischer Thymianzweig, Pfeffer, Meersalz
Für den Fond: 2 Möhren, 1 Selleriestange, 1 Zwiebel, die zerkleinerten Karkassen der 4 Täubchen, 200 g Eichenhonig, 100 ml Cidreessig, 1/2 l Weißwein, Salz, Pfeffer, 1 Kräutersträußchen, 150 g Butter

Für den Fond die Taubenknochen mit der gehackten Zwiebel, dem Honig, den Möhren und dem Sellerie anbräunen. Den Wein und den Essig angießen. Das Kräutersträußchen dazugeben, mit Salz und Pfeffer würzen und das Ganze bei schwacher Hitze 30 Minuten köcheln lassen. Anschließend durchseihen und zur Seite stellen.

Die Taubenschenkel am Vortag mit 1 Eßlöffel Meersalz, frischem Thymian und Pfeffer würzen und über Nacht kalt stellen. Am folgenden Tag gut abspülen, mit 200 g Gänseschmalz in einen gußeisernen Topf geben und 1 Stunde bei sehr schwacher Hitze garen. Anschließend beiseite stellen.

Die roten Zwiebeln in dünne Ringe schneiden und mit 1 Eßlöffel Gänseschmalz kräftig anbraten. Etwas Essig, den Ingwer und 2 Eßlöffel Honig hinzufügen. Die Flüssigkeit einkochen lassen und das Ganze zur Seite stellen. Die Champignons waschen, trockentupfen, blättrig schneiden und in einer Pfanne anbraten. Den gehackten Knoblauch dazugeben, mit Salz und Pfeffer abschmecken und beiseite stellen.

Die Taubenbrüstchen in 1 Eßlöffel Gänseschmalz mit der Hautseite anbraten und zur Seite stellen.

Eine Tortenform aus Keramik oder Glas schuppenförmig mit den Teigblättern auskleiden. Die Champignons darauf verteilen. Die Brüstchen darauf legen, mit dem Zwiebelconfit bestreichen und mit der feingehackten Minze und etwas Zimt bestreuen. Mit kleinen Holzstäbchen oder Zahnstochern zustecken, die Form mit Alufolie abdecken und beiseite stellen.

In der Zwischenzeit den Fond einkochen lassen und dann mit der Butter aufschlagen.

Die Taubenbrüstchen 16 Minuten zum Fertiggaren in den auf 220 Grad vorgeheizten Backofen geben.

Die Taubenschenkel 10 Minuten im Ofen erwärmen und auf einem Salat aus jungem, wildem Blattgemüse anrichten.

Verlangen Sie bei Ihrem Geflügelhändler junge Täubchen. Sie sind sehr zart, und man ißt sie in der Regel gebraten. Wir beziehen unsere Täubchen aus der Haute-Provence.

WEIN

Ein kräftiger, aromatischer Côtes du Luberon, Château de l'Isolette rouge.

Makkaronigratin mit Kalbsbries und Entenleber

Vorbereitung: 1 Stunde
Garzeit: 16 Minuten
Zubereitung: relativ einfach

Für 6 Personen

500 g Makkaroni, 6 Scheiben rohe Entenleber, 2 Kalbsbriese, etwas Essig, 1 Glas Madeira
Für die Farce: 180 g Kalbfleisch (Lendchen), 1 Eiweiß, 4 EL Crème fraîche, 1 Msp. Gewürzmischung aus Pfeffer, Muskatnuß, Nelke und Zimt, 1 TL Butter, Salz, Pfeffer
Für die Gemüsebrühe: 1/2 l Wasser, 1 Zwiebel, 1/2 Stange Porree, 1 Lorbeerblatt, Meersalz, 3 Pfefferkörner, 1/2 Möhre

Zunächst das Kalbsbries 30 Minuten in kaltes Essigwasser legen und anschließend die Häutchen entfernen.

Aus dem Wasser, der Zwiebel, dem Porree, der Möhre und den Gewürzen eine Gemüsebrühe herstellen. Das Kalbsbries 5 bis 6 Minuten bei schwacher Hitze darin garen und dann abkühlen lassen.

Die Makkaroni in reichlich kochendem Wasser bißfest garen und danach abgießen. Das Kalbsbries so zurechtschneiden, daß es schön glatt wird.

Für die Farce das Kalbfleisch durch den Fleischwolf drehen und in eine Schüssel geben. Die Schüssel auf Eis stellen, das Eiweiß zufügen und gut mit dem Fleisch verrühren. Mit Salz, Pfeffer und der Gewürzmischung abschmecken. Die Crème fraîche dazugeben und alles zu einer lockeren Masse vermengen.

Das Kalbsbries in nicht zu dicke Scheiben schneiden. Diese in 1 Teelöffel Butter anbraten und anschließend beiseite stellen.

Sechs runde Förmchen mit Butter einpinseln und rundherum mit Makkaroni auskleiden. Zunächst etwas Farce, dann das Kalbsbries und zum Schluß wieder eine Schicht Farce einfüllen.

Die Förmchen etwa 10 Minuten vor dem Servieren in einem Wasserbad zum Fertiggaren in den auf 170 Grad vorgeheizten Backofen geben. Anschließend herausnehmen und stürzen.

Die Leber in einer Pfanne kräftig anbraten und mit 1 kleinen Glas Madeira ablöschen. Die Leberscheiben auf den Gratins verteilen und mit dem Bratensaft begießen.

WEIN

Ein Puligny Montrachet, ein körperreicher Côtes-de-Beaune-Wein mit rauchigem Bouquet, oder ein Condrieu, ein sehr gut ausgebauter Weißwein aus dem nördlichen Côtes-du-Rhône-Gebiet mit Blüten- und Honignote.

Käsepastete

Vorbereitung: 15 Minuten
Zubereitung: relativ einfach

Für eine Pastetenform von 28 cm

350 g Roquefort, 500 g Butter, 1 Bund Sauerampfer, 1/2 Bund Schnittlauch, 100 g Sardellenfilets in Öl, 100 g Comté, 1 1/2 EL gehackte Haselnüsse und Mandeln (gemischt), Pfeffer aus der Mühle

Die abgetropften Sardellen mit 200 g Butter pürieren und mit Pfeffer würzen. Die restlichen 300 g Butter mit dem zerkrümelten Roquefort und dem feingehackten Schnittlauch pürieren.

Eine gut gekühlte Pastetenform mit Frischhaltefolie auslegen und den Boden und die Wände mit dem in Streifen geschnittenen Comté auskleiden. Mit einem Teigschaber zunächst eine 2 cm dicke Schicht Roquefortbutter auftragen und mit der Mandel-Haselnuß-Mischung bestreuen. Mit einigen Sauerampferblättern bedecken und darauf eine dünne Schicht Sardellenbutter verstreichen. Mit Comtéstreifen bedecken und den Vorgang wiederholen. Den Abschluß bildet eine Schicht Comté. Mit Frischhaltefolie zudecken und für mindestens 1 Stunde in den Kühlschrank stellen. Die Form dann herausnehmen und die Masse gut andrücken.

Diese Käsepastete ist eine Spezialität des Mas Tourteron. *Ich habe sie 1989 anläßlich einer Tagung zum Thema Käse für meinen Freund Robert Bedot kreiert. Dazu reiche ich immer einen Salat aus jungem, wildem Blattgemüse und Haselnuß-Mandel-Brötchen (Rezept Seite 179).*

WEIN
Ein weißer Landwein von der Ardèche.

Frische Feigen im Sahnemantel

Vorbereitung: 10 Minuten
Zubereitung: sehr einfach

Für 6 Personen

$1^1/_2$ kg frische Feigen, $^1/_2$ l Sahne, 50 g Lavendelhonig, 1 Glas Grand Marnier

Die Feigen waschen, trockentupfen und in Scheiben schneiden. Die Sahne cremig schlagen und nacheinander den Honig und den Grand Marnier unterrühren.

Die Feigen in eine hübsche Schüssel geben, mit der Creme überziehen und für mindestens 1 Stunde in den Kühlschrank stellen.

In unserem Garten stehen zwei Feigenbäume. Der eine trägt bereits Ende Juni Früchte, der andere erst im September. Ich persönlich bevorzuge die hellen, sehr süßen Feigen.

Sorbet mit Rosenblättern

Vorbereitung: 5 Minuten (am Vortag)
Garzeit: 20 Minuten
Zubereitung: relativ einfach

Ergibt $1^1/_2$ Liter

700 g Zucker (oder 300 g Honig), 1 l Wasser, Saft von 2 Zitronen, etwa 1 Dutzend ungespritzte Gartenrosen, 1 Eiweiß

Zunächst einen Sirup herstellen. Dazu das Wasser und den Zucker 20 Minuten in einer großen Kasserolle kochen. Die Rosenblüten abzupfen, kurz in kaltem Wasser waschen und zum Trocknen auf einem Geschirrtuch ausbreiten. In den kochenden Sirup geben und über Nacht darin ziehen lassen.

Die Blütenblätter am nächsten Tag herausnehmen und den Zitronensaft unter den Sirup rühren. Den Sirup dann in der Eismaschine etwas fest werden lassen. Nach 5 Minuten das Eiweiß hinzufügen und alles durchfrieren lassen. Das fertige Sorbet mit Rosenblüten garnieren. Das Eiweiß macht dieses Sorbet, das keine Früchte enthält, zugleich fest und geschmeidig.

Quarkcreme mit Herzkirschen

Vorbereitung: 30 Minuten
(einige Stunden im voraus)
Zubereitung: einfach

Für 6 Personen

1 kg Quark, 400 g Crème fraîche, 300 g kandierte Herzkirschen, 150 g Mandeln, 150 g Haselnüsse, 180 g Akazienhonig, 1 EL Kirschwasser, 9 Blatt Gelatine

Den Quark in einem Sieb abtropfen lassen. Die Gelatine in kaltem Wasser einweichen. Die Mandeln und die Haselnüsse in der Küchenmaschine fein hacken. Den Honig in einer Kasserolle erhitzen. Die Gelatine ausdrücken und in dem heißen Honig auflösen. Den Quark in eine Schüssel geben, die Honigmasse unterrühren, die gehackten Herzkirschen, die Nüsse und das Kirschwasser hinzufügen und alles verrühren. Die Crème fraîche steifschlagen und vorsichtig unter die Masse heben. In eine Biskuitform füllen und mindestens 3 Stunden in den Kühlschrank stellen. Mit halbierten Kirschen garnieren und mit einem Kirschpüree servieren.

Für dieses Rezept verwende ich Herzkirschen, die rund um das Mas Tourteron *in den Dörfern um Gordes angebaut werden.*

WEIN

Ein lieblicher Rasteau, dessen Aroma an gekochte Früchte erinnert.

Saint-Honoré-Torte mit Erdbeeren

Vorbereitung: 30 Minuten
Backzeit: 50 Minuten
Zubereitung: relativ einfach

Für 10 Personen

400 g Brandteig (Rezept Seite 178), 200 g Blätterteig, 300 g Erdbeeren, 3 EL Zucker
Für die Creme: 1/2 l Milch, 1 Vanilleschote, 100 g Zucker, 1 Prise Salz, 5 Eigelb, 2 EL Vanillepuddingpulver, 2 Eiweiß, 1 Stückchen Butter, 1 Blatt Gelatine
Für die Karamelmasse: 150 g Zucker, 4 EL Wasser, 1 TL Zitronensaft

Die Erdbeeren waschen, entstielen und halbieren. In eine Schüssel geben und mit 3 Eßlöffel Zucker bestreuen.

Den Blätterteig ausrollen, zu einem Kreis mit 30 cm Durchmesser zurechtschneiden. Mit einem Spritzbeutel mit Lochtülle (Ø ca. 11 mm) von der Mitte aus eine Spirale aus Brandteig aufspritzen. Den Blätterteig mit einer Gabel einstechen. Restlichen Brandteig in zwölf kleinen Häufchen auf einem Backblech verteilen, mit Zucker bestreuen und 20–25 Minuten bei 200 Grad backen, dabei die Backofentür während der letzten 5 Minuten öffnen. Anschließend den Blätterteigboden mit Brandteig 20–25 Minuten bei 200 Grad backen.

Die Milch aufkochen lassen, die Vanilleschote der Länge nach aufschlitzen, das Mark herauskratzen und in die Milch geben. Die Eigelbe mit dem Zucker und dem Salz schaumig schlagen und das Vanillepuddingpulver unterrühren. Die kochende Milch darübergießen und dabei laufend umrühren, damit sich keine Klümpchen bilden. Die Masse bei sehr schwacher Hitze erneut zum Kochen bringen, gut umrühren und eindicken lassen. Die Creme in einer Schüssel abkühlen lassen und die Oberfläche dabei mit etwas kalter Butter bestreichen, damit sich keine Haut bildet.

Die Creme in den Spritzbeutel geben und die ausgekühlten Windbeutel von unten damit füllen.

Den Zucker mit dem Wasser erhitzen und unter ständigem Rühren karamelisieren lassen. Wenn die Karamelmasse Farbe bekommt, die Wärmezufuhr verringern. Sobald sie eine schöne Bernsteinfarbe angenommen hat (das geht sehr schnell), den Topf vom Herd nehmen und 3 Tropfen Zitronensaft hineingeben. Passen Sie auf, daß Sie sich dabei nicht verbrennen. Die Masse anschließend zur Seite stellen.

Die Windbeutel mit der Unterseite in die Karamelmasse tauchen und rund um den Blätterteigboden kleben.

Die Gelatine in kaltem Wasser einweichen, ausdrücken, in einem kleinen Topf erhitzen und in die Creme rühren. Die Eiweiße zu einem steifen Schnee schlagen und unter die Creme heben. Die Mitte der Torte damit bestreichen und mit den gezuckerten Erdbeeren garnieren.

WEIN
Ein Maury-Süßwein.

Erdbeergratin mit Weinschaumsauce und Erdbeersorbet

Vorbereitung: 30 Minuten (am Vortag)
+ 30 Minuten
Gratinieren: 3 Minuten
Zubereitung: relativ einfach

Für 8 Personen

400 g Erdbeeren
Für den Sirup: 150 ml Muscat de Beaumes-de-Venise, 150 ml Wasser, 200 g Zucker
Für die Weinschaumsauce: 2 Eigelb, 50 ml Muscat, 50 g Zucker
Für das Sorbet: 500 g Erdbeeren, Saft von 1 Zitrone, 1 Minzezweig

Am Vortag aus dem Muscat, dem Wasser und dem Zucker einen Sirup zubereiten.

Die Erdbeeren waschen, entstielen, halbieren und 30 Minuten in dem Sirup ziehen lassen. Anschließend abtropfen lassen und danach rosettenförmig auf Tellern anrichten.

Für das Sorbet die gewaschenen und entstielten Erdbeeren pürieren, das Mus mit dem Sirup verrühren, den Zitronensaft dazugeben und die Masse in der Eismaschine fest werden lassen.

Die Weinschaumsauce erst kurz vor dem Servieren zubereiten. Dazu die Eigelbe, den Muscat und den Zucker in eine Schüssel geben, die Schüssel in ein Wasserbad stellen und die Zutaten kräftig aufschlagen, bis die Masse ihr Volumen verdoppelt hat. Die fertige Schaumsauce über die Erdbeeren gießen und das Ganze für 3 Minuten unter den Backofengrill schieben.

Jeden Teller mit einer Sorbetkugel und einem Minzezweig garnieren.

Ein Picknick im Grünen

Murs, ein reizendes Dorf in den Bergen des Vaucluse, liegt nur einen Steinwurf von Gordes enfernt. Wir besitzen dort ein kleines Landhaus, ein wahres Refugium mitten in einem kleinen mit Kiefern und Eichen bestandenen Wäldchen, wo wir uns gerne zu einem fröhlichen Picknick mit einfachen, ländlichen Speisen einfinden. Jeder sucht sich einen Platz auf den herumliegenden Steinen, und wir breiten die Tischdecke für den Festschmaus aus …

Die farbenfrohe Omelett-Tarte, das Dinkel-Tabbouleh und die Auberginenpfanne »Mamé Marcelle« sind dabei nicht wegzudenken. Wir schneiden den Schweinebraten auf, der mit Salbei und einigen in Essig eingelegten Kirschen geschmort wurde. Als Dessert gibt es einen Tome aus Banon und einen Obstkuchen. Das alles läßt sich leicht in unseren Weidenkörben transportieren. Der Wein wird im klaren Wasser eines alten Brunnens gekühlt.

Nachdem die Körbe geleert und das Tischtuch wieder zusammengefaltet ist, lassen wir unser Picknick mit einer ausgedehnten Siesta ausklingen.

Ein herrlicher Tag, der niemals enden sollte!

Omelett-Tarte

Vorbereitung: 35 Minuten (am Vortag)
Garzeit: 1 Stunde
Zubereitung: relativ schwierig

Für 6 bis 8 Personen

20 Eier, 2 Fleischtomaten, 3 grüne und 3 rote Paprikaschoten, 300 g Champignons, 1 Schüsselchen Ratatouille, 150 g Schinken, 50 g Mozzarella, 100 g Butter, 4 Knoblauchzehen, 1 Schalotte, 1 Bund Petersilie, 1 Bund Basilikum, Olivenöl, Salz, Pfeffer, 1 Prise Zucker, Saft von 1 Zitrone

FÜR DIE VERSCHIEDENEN BELÄGE:
Die Tomaten enthäuten, kleinschneiden und mit 1 Eßlöffel Olivenöl, 2 Knoblauchzehen, der gehackten Schalotte, dem gehackten Basilikum, Salz, Pfeffer und 1 Prise Zucker andünsten.

Die Paprikaschoten im Backofen rösten, enthäuten, in Streifen schneiden und in etwas Olivenöl mit 1 gehackten Knoblauchzehe, Salz und Pfeffer andünsten.

Die Champignons waschen, mit Zitronensaft beträufeln und feinblättrig schneiden. Mit 1 gehackten Knoblauchzehe, der gehackten Petersilie, Salz und Pfeffer in einer Pfanne anbraten.

Das Ratatouille (praktisch ist ein Rest vom Vortag) ohne Zugabe von Fett erhitzen.

Den Schinken und die Mozzarella in Streifen schneiden.

Aus 3 Eiern das erste Omelett in Butter herausbacken. Sobald die Masse zu stocken beginnt, die gedünsteten Tomaten darauf streichen. Das Omelett dann fertigbacken und dabei darauf achten, daß es nicht zu fest wird. Das Omelett anschließend auf einen Teller geben und zur Seite stellen. Die übrigen vier Omeletts genauso zubereiten und mit dem jeweiligen Belag bestreichen.

Nun eine Auflauf- oder Biskuitform mit Öl einpinseln und die Omeletts nacheinander – das Tomatenomelett zuunterst – hineinschichten. 4 Eier verquirlen und darübergießen. Mit gehackter Petersilie bestreuen. Die Form zudecken und die Omeletts in einem Wasserbad 10 Minuten bei 180 Grad im Backofen garen.

Die Tarte abkühlen lassen, andrücken, über Nacht in den Kühlschrank stellen und vor dem Servieren aus der Form stürzen. Dazu reicht man ein gutes Tomatenconcassé mit Basilikum (Rezept Seite 176).

Die Omelett-Tarte serviert man als kalte Vorspeise. Die fünf Omeletts werden jeweils aus drei Eiern zubereitet und verschieden belegt. Die Tarte läßt sich – je nach Jahreszeit und Gemüse – immer wieder abwandeln und eignet sich hervorragend für ein Picknick.

WEIN
Ein spritziger, frischer Côtes du Ventoux blanc, Château blanc.

Dinkel-Tabbouleh

Vorbereitung: 30 Minuten
Garzeit: 30 Minuten
Zubereitung: einfach

Für 6 Personen

500 g Dinkel, 2 rote und 2 grüne Paprikaschoten, 2 Zwiebeln, 300 ml Brühe, 3 Tomaten, 1 großes Bund Minze, 300 ml Olivenöl, 1/4 l Zitronensaft, Salz, Pfeffer

Den Dinkel 10 Minuten unter fließendem Wasser waschen und 30 Minuten in der Brühe garen. Anschließend abspülen und abtropfen lassen. In der Zwischenzeit das Gemüse sehr fein würfeln und die Minze fein hacken.

Die Dinkelkörner in eine große Salatschüssel füllen, mit dem Zitronensaft und dem Olivenöl begießen und die Minze und das Gemüse dazugeben. Mit Salz und Pfeffer abschmecken, gut durchmischen und kalt stellen.

Dinkel ist eine Weizenart, die auch auf kargen Böden gedeiht. Nachdem er einige Zeit in Vergessenheit geraten war, findet er nun allmählich wieder Eingang in unsere Küche, denn er ist ein ausgezeichneter Energielieferant. Gekocht wird er wie Reis.

In unserer Gegend haben sich einige Erzeuger, die vorausahnten, daß es mit der Schafzucht bergab gehen würde, auf den Dinkelanbau verlegt. Die Anbaugebiete befinden sich am Fuße des Mont Ventoux und auf dem Plateau d'Albion.

WEIN

Ein Coteaux de Pierrevert blanc aus dem Département Alpes-de-Haute-Provence.

Stockfischsalat mit Spinat und Hülsenfrüchten

Vorbereitung: 5 Minuten
(36 Stunden im voraus)
Garzeit: 45 Minuten
Zubereitung: einfach

Für 6 Personen

800 g gedörrter Stockfisch, 300 g junger Spinat, 150 g Kichererbsen, 5 kleine Zwiebeln, 1 kleine Pfefferschote, 1 l Milch, 400 g Dicke Bohnen, 250 g Crème fraîche, 1 Zitrone, 1 Rosmarinzweig, 1 Lorbeerblatt, 1 Knoblauchzehe, Salz, Pfeffer

Den Stockfisch zunächst 30 Minuten unter fließendes Wasser halten und anschließend 36 Stunden in ein Gefäß mit Wasser legen (das Wasser mehrmals erneuern). Die Kichererbsen ebenfalls am Vortag einweichen.

Am folgenden Tag die Kichererbsen waschen, mit 1 Zwiebel, dem Lorbeerblatt und 6 Pfefferkörnern in eine Kasserolle geben und salzen. Mit kaltem Wasser bedecken und 45 Minuten garen. Dabei von Zeit zu Zeit abschäumen. Anschließend abspülen und abtropfen lassen.

Den Stockfisch ebenfalls abspülen und in der Milch, der Sie zuvor den Rosmarin und die Knoblauchzehe beigegefügt haben, bei sehr schwacher Hitze pochieren.

Die Bohnen auspalen, kurz in kochendes Wasser geben und die Häutchen der Kerne abziehen. Den Spinat waschen und die Stiele entfernen. Die Zwiebeln schälen und in dünne Ringe schneiden.

Zum Schluß den Stockfisch enthäuten, entgräten und vorsichtig zerrupfen. Die Milch durchseihen und 200 ml mit der Crème fraîche und dem Zitronensaft verrühren. Mit Pfeffer abschmecken. Ein Viertel der Pfefferschote sehr fein hacken und hinzufügen.

Eine große Servierplatte mit den Spinatblättern auslegen, das Stockfischfleisch, die Bohnen, die Kichererbsen und die Zwiebelringe darauf verteilen und mit der Sauce übergießen.

Auberginenpfanne »Mamé Marcelle«

Vorbereitung: 10 Minuten
Garzeit: 20 Minuten
Zubereitung: einfach

Für 8 bis 10 Personen

6 Auberginen, 100 ml Olivenöl, 6 dünne Scheiben geräucherter Schweinebauch, 6 Knoblauchzehen, 500 g Tomatenconcassé (Rezept Seite 176), 1 kleiner Thymianzweig, Salz, Pfeffer

Die Auberginen waschen, abtrocknen, in kleine Würfel schneiden und zur Seite stellen.

Den Schweinebauch in sehr dünne Streifen schneiden.

Das Olivenöl in einer großen Pfanne erhitzen und die Auberginen und das Fleisch hineingeben. Den Knoblauch abziehen, gegebenenfalls den Keim entfernen und hacken. Zusammen mit dem abgezupften Thymian zu den Auberginen geben und alles goldgelb anbräunen. Mit Salz und Pfeffer abschmecken, umrühren und zudecken.

Sobald das Ganze eine schöne goldgelbe Farbe angenommen hat, das Tomatenconcassé dazugeben und alles bei schwacher Hitze einkochen lassen.

Diese Auberginenpfanne, die bei schwacher Hitze gegart wird, schmeckt warm und kalt. Sie eignet sich hervorragend als Füllung für ein Omelett oder eine Tarte, die im Ofen überbacken und anschließend mit Parmesan bestreut wird.

WEIN

Ein runder, ausgewogener Saint-Bris-le-Vineux-Weißwein.

Schweinebraten mit Salbei

Vorbereitung: 5 Minuten
Garzeit: 1½ Stunden (am Vortag)
+ 30 Minuten
Zubereitung: einfach

Für 6 Personen

1 Schweinekamm (mit ausgelösten Knochen), 1 großes Bund Salbei, 10 Knoblauchzehen, 50 g Butter, 3 EL Sonnenblumenöl, Salz, Pfeffer

Den Schweinekamm auf ein Backblech legen. Die Knochen und die ungeschälten Knoblauchzehen rundherum verteilen und die Salbeiblätter darüberstreuen. Das Fleisch mit der Butter bepinseln, mit Salz und Pfeffer würzen und zum Schluß mit dem Öl begießen.

Den Backofen auf 100 Grad vorheizen. Das Fleisch für 1½ Stunden hineingeben. Von Zeit zu Zeit wenden und alle 20 Minuten mit Flüssigkeit begießen. Den Braten dann herausnehmen, in Alufolie wickeln und abkühlen lassen.

Am folgenden Tag den Ofen auf 200 Grad vorheizen und den Braten je nach Größe 25 bis 30 Minuten in seinem Bratensaft fertiggaren.

Durch das lange Garen bei niedriger Temperatur bleibt das Fleisch ganz zart.

WEIN
Ein leichter, fruchtiger Côtes-du-Rhône-Rotwein.

Reistarte mit Flußkrebsen

Vorbereitung: 25 Minuten
Garzeit: 40 Minuten
Zubereitung: einfach

Für 6 Personen

250 g Arborio-Reis, 300 g Blätterteig, 200 g Steinpilze, 24 lebende Flußkrebse, 2 Möhren, 14 sehr dünne Scheiben Räucherspeck, 4 EL Olivenöl, 1 Ei, Salz, Pfeffer, 1 Bund Kerbel, 2 EL Butter

Den Blätterteig ausrollen. Eine Springform mit Butter einstreichen, mit dem Teig auslegen und den Boden und die Ränder einstechen. Den Boden mit Pergamentpapier abdecken und mit getrockneten Bohnen beschweren. Die Ränder mit dem verquirlten Ei bestreichen und die Form dann für 15 Minuten in den auf 240 Grad vorgeheizten Ofen schieben. Herausnehmen und die Bohnen und das Papier entfernen.

Die Krebse für 1 Minute in kochendes Salzwasser geben. Die Panzer entfernen, jeden Krebs mit 1/2 Scheibe Räucherspeck umwickeln und in den Kühlschrank stellen.

Die Köpfe und die Panzer der Krebse zerkleinern, mit Salz, Pfeffer und 1 1/2 l Wasser in eine Kasserolle geben, aufkochen lassen und anschließend bei geringer Wärmezufuhr 20 Minuten köcheln lassen. Die Kochflüssigkeit durchpassieren und die Panzerstücke dabei etwas andrücken, um die Flüssigkeit herauszupressen. Die Möhren putzen und in kleine Würfel schneiden. Den restlichen Speck in feine Streifen schneiden. Die Pilze putzen, die Stiele fein würfeln und die Köpfe feinblättrig schneiden. Möhren, Speck und Pilzstiele anschließend – jeweils getrennt – in Olivenöl anbraten.

2 Eßlöffel Olivenöl in eine Pfanne geben und den Reis unter Rühren darin anrösten. Mit 1 Schöpflöffel des Krebsfonds aufgießen, umrühren und dann nach und nach den restlichen Fond dazugeben. Wenn der Reis halbgar ist, die Möhren, die Pilzstiele und den Speck dazugeben.

Die Pilzköpfe in einer Pfanne goldgelb anbräunen, die Krebse dazugeben und 3 Minuten anbraten.

Sobald der Reis gar ist, die Butter hinzufügen. Den Reis auf dem Tarteboden verteilen, die Pilzköpfe und die Krebse rosettenförmig darauf anordnen und das Ganze mit dem Kerbel garnieren.

Warmer Obstkuchen

Vorbereitung: 45 Minuten
Backzeit: 50 Minuten
Zubereitung: einfach

Für 6 Personen

1 kg Kirschen, 7 Aprikosen, 15 frische Mandeln, 1 Ei, 2 EL Puderzucker
Für den Teig: 150 g Mehl, 80 g Butter, 1 Eigelb, 1 TL Puderzucker, 1–2 EL Wasser, 1 Prise Salz
Für die Creme: 100 g Zucker, 2 EL gesiebtes Mehl, 4 EL Crème fraîche, 40 g flüssige Butter, 1 Ei

Für den Teig das Mehl, die kalte Butter in Stückchen, den Puderzucker, das Salz, das Eigelb und das Wasser in der Küchenmaschine oder von Hand zu einem Mürbteig kneten, bis eine feste Kugel entstanden ist. Kalt stellen.

Die Kirschen und die Aprikosen entsteinen.

Für die Creme die flüssige Butter, den Zucker und das gesiebte Mehl vorsichtig verrühren. 15 Minuten bei Zimmertemperatur ruhenlassen. Das Ei und die Crème fraîche hinzufügen und kräftig verrühren. Eine Pieform mit 22–24 cm Durchmesser mit Butter einpinseln und mit Mehl bestäuben. Mit dem Teig auskleiden, dabei die Ränder großzügig überstehen lassen. Den Boden mit einer Gabel mehrmals einstechen, die Früchte darauf verteilen und mit der Creme übergießen. Die Teigränder darüberschlagen, etwas andrücken und mit dem verquirlten Ei bestreichen. Bei 180 Grad 45 Minuten backen.

Den Kuchen mit dem Puderzucker bestreuen, mit den Mandeln spicken und 3 bis 5 Minuten unter dem Backofengrill goldgelb bräunen.

Ostern

Unser Haus gleicht an diesem Tag einem Bienenkorb, in dem emsige Bienen aus- und einschwirren. Schon sehr früh am Morgen schmücken wir die Tische im Garten mit großen Tonkrügen aus Anduze, aus denen weiße Geranienblüten quellen. An Arbeit mangelt es nicht, denn mit den ersten schönen Tagen zieht es auch die Touristen in unser hübsches Dörfchen Gordes.

Schon an den Gartentoren strömt den Gästen aus der Küche ein herrlicher Duft von warmem Brot entgegen. In der Küche rüstet sich alles für den Ansturm, die Mädchen wirbeln um Herd und Küchentisch herum und putzen, schneiden, hacken und formen. Das Osteressen steht ganz im Zeichen von Lamm und Zicklein. Und auch das Ei hat seinen Platz auf unserem Tisch, zunächst als Lachsei surprise und dann als Beilage zu grünem Spargel.

Die ersten heimischen Erdbeeren – dazu Zucker oder etwas Sahne – beschließen das Festmahl.

Lachsei surprise

Vorbereitung: 15 bis 20 Minuten
Garzeit: 5 Minuten
Zubereitung: relativ schwierig

Für 6 Personen

6 Eier, 200 g Tarama, 1 Gläschen Lachskaviar, 1/2 rote und 1/2 grüne Paprikaschote, 1 Knoblauchzehe, 1 Würfel Instant-Gemüsebrühe, Olivenöl, einige Dillstengel, Salz, Pfeffer, 2 Blatt Gelatine

Zunächst müssen die Eier geleert werden. Dazu mit einem Eierköpfer ein kleines Hütchen abschneiden. Die Eierschalen ausspülen und trocknen lassen.

Die Paprikaschoten in sehr kleine Würfel schneiden und diese in einer Pfanne mit etwas Olivenöl und der zerdrückten Knoblauchzehe 1 Minute anbraten. Zur Seite stellen.

Die Gelatine in kaltem Wasser einweichen, ausdrücken und in die leicht erwärmte Gemüsebrühe geben. Abschmecken und umrühren.

Die Eierschalen in Eierbecher setzen, 1 kleinen Teelöffel Paprikawürfel hineingeben und etwas Brühe darübergießen, so daß das Gemüse gerade nur bedeckt ist. 1 Stunde in den Kühlschrank stellen.

Eine Teigspritze mit Tarama füllen und die Eier damit verzieren. Zum Schluß mit dem Lachskaviar und dem Dill garnieren.

Tarama bekommen Sie in griechischen oder türkischen Feinkostgeschäften.

WEIN
Ein junger, gefälliger und fruchtiger Côtes-du-Rhône-Rotwein.

Geflügelleberparfait

Vorbereitung: 20 Minuten
(einige Tage im voraus)
Garzeit: 45 Minuten
Zubereitung: relativ einfach

Für eine Pastetenform von 28 cm

1 kg Hähnchenleber, 700 g weiche Butter, 200 ml Sonnenblumenöl, 1/2 Glas Cognac, 1 EL Salz, 1 TL Pfeffer, 1/2 TL Gewürzmischung aus Pfeffer, Muskatnuß, Nelke und Zimt

Die Leber vom Geflügelhändler von den Sehnen befreien lassen.

Für die Marinade das Öl, den Cognac, das Salz, den Pfeffer und die Gewürzmischung in eine Salatschüssel geben, die Leber hineinlegen und 12 Stunden kalt stellen.

Die Leber anschließend mit der Marinade in eine Pastetenform geben und zudecken.

Den Backofen auf 110 Grad vorheizen, die Form in ein Wasserbad stellen und für 45 Minuten in den Ofen schieben. Abkühlen lassen, dann die Leber herausnehmen und abtropfen lassen. Die Kochflüssigkeit wegschütten.

Die Leber im Mixer pürieren, die weiche Butter nach und nach in kleinen Stücken hinzufügen und alles gut vermengen.

Die Pastetenform ausspülen, abtrocknen und mit Frischhaltefolie auslegen. Die pürierte Leber hineingeben, mit der Folie zudecken und 24 Stunden kalt stellen.

Das Parfait mit geröstetem Landbrot und einem Salat aus jungem, wildem Blattgemüse servieren.

Die Geflügelleber sollte möglichst fest und hell sein. Verwenden Sie keine abgepackte Leber, die in ihrem Blut schwimmt. Dieses Parfait kann anstelle von Stopfleber gereicht werden.

WEIN
Ein Menetou-Salon, ein gefälliger und zugleich feuriger Loire-Wein.

Lammsülze

Vorbereitung: 1 Stunde (am Vortag)
Garzeit: 1½ Stunden
Zubereitung: relativ schwierig

Für 10 Personen

1 Lammschulter (ohne Knochen), 3 Lammzungen, 4 Lammbriese, 4 Lammhirne, 300 g Schweinegurgel, 1 Scheibe eingeweichtes Brot, 3 Zwiebeln, 2 Knoblauchzehen, 200 g Prinzeßbohnen, 200 g Lammleber, 200 g Speck, ½ Kalbsfuß, 4 Blatt Gelatine, 5 Eier, 1 kleines Glas Cognac, 1 großes Bund Zitronenthymian, 1 TL Kümmel, 1 TL Gewürzmischung aus Salz, Pfeffer, Muskatnuß, Nelke und Zimt

Für die Gemüsebrühe: 2 Möhren, 1 Zwiebel, 1 Selleriestange, 1 Nelke, 2 l Wasser

Für die Gemüsebrühe die geputzten Möhren, die mit der Nelke gespickte Zwiebel, 1 Zweig Thymian und etwas Kümmel in einen großen Kochtopf geben, das Wasser dazugießen und 5 Minuten erhitzen. Den halben Kalbsfuß und die Lammschulter hineingeben und bei schwacher Hitze 1 Stunde kochen. Anschließend die Lammzunge und die in Würfel geschnittene Schweinegurgel dazugeben und weitere 30 Minuten kochen lassen. Dann 1 l von der Brühe abnehmen und kurz aufkochen lassen. Das Lammbries 5 Minuten darin köcheln lassen, wieder herausnehmen. Das Hirn für 3 Minuten hineingeben und danach in der Kasserolle abkühlen lassen.

Die Bohnen in kochendem Wasser garen.

Die Schweinegurgel mit der rohen Leber, den Zwiebelringen und der Hälfte der gekochten Lammschulter durch den Fleischwolf drehen. Den Kalbsfuß auslösen und das Fleisch in kleine Würfel schneiden.

Das Hackfleisch mit den Eiern, dem Brot, dem abgezupften Thymian, dem restlichen Kümmel, der Gewürzmischung und dem Cognac in eine Schüssel geben. Die Zutaten vermengen und die Masse dann 2 Stunden kalt stellen.

Den Boden und die Wände einer flachen Tonform mit 30 cm Durchmesser mit dem Speck auskleiden. Zunächst eine 2 cm dicke Schicht der Farce einfüllen. Die restliche, in dünne Scheiben geschnittene Lammschulter darauf verteilen. Mit Farce bedecken und darauf die in feine Scheiben geschnittene Zunge sowie einige Möhrenstückchen aus der Brühe verteilen. Nun folgt wieder eine Schicht der Farce und darauf die Hirnhälften, die Bohnen, der Thymian und das Bries. Mit einer Schicht Farce abschließen. Das Ganze zum Schluß mit Speckstreifen belegen.

1½ Stunden im Wasserbad garen, abkühlen lassen und kalt stellen.

Für das Gelee 4 Schöpflöffel von der Brühe abnehmen, erhitzen und darin die eingeweichte Gelatine auflösen. Etwas abkühlen lassen und noch warm über das Fleisch gießen. Das Fleisch zuvor einstechen, damit es das Gelee aufnehmen kann. Mit einem Gewicht beschweren und über Nacht kalt stellen.

Gefüllte Artischocken mit Jakobsmuscheln

Vorbereitung: 30 Minuten
Garzeit: 20 Minuten
Zubereitung: einfach

Für 6 Personen

12 kleine violette Artischocken, 6 Jakobsmuscheln, 3 Möhren, 6 Champignons, 100 g Speckstreifen, 2 Zwiebeln, 2 Knoblauchzehen, 1/2 l Weißwein, 1 Bund frischer Thymian, einige Kerbelstengel, 8 EL Olivenöl, 1 Msp. Safran, 50 g Butter, Salz, Pfeffer

Die äußeren Blätter der Artischocken entfernen und die Blattspitzen abschneiden.

Das Öl in einer großen Schmorpfanne erhitzen und die gehackten Zwiebeln goldgelb darin anbraten. Die in kleine Würfel geschnittenen Möhren und die Artischocken dazugeben, gut umrühren und mit Salz und Pfeffer würzen. Die feingewürfelten Champignons, den Thymian und zum Schluß die blanchierten Speckstreifen hinzufügen. Den Weißwein angießen und um ein Drittel einkochen lassen. Den gehackten Knoblauch dazugeben, nochmals einkochen lassen und zu decken. Nun den Safran hinzufügen. Die Artischocken mit einem Messer einstechen, um festzustellen, ob sie gar sind.

Die Artischocken dann aus der Pfanne nehmen und die Kochflüssigkeit durchseihen. Die Artischockenherzen mit dem Gemüse und dem Speck füllen, in eine flache feuerfeste Form geben und zur Seite stellen.

In der Zwischenzeit eine beschichtete Pfanne erhitzen. Die Jakobsmuscheln öffnen und das Muschelfleisch in die flüssige Butter tauchen. Anschließend von allen Seiten 2 Minuten anbraten. Mit Salz und Pfeffer würzen und die Muscheln aus der Pfanne nehmen.

Jede Artischocke mit einer Muschel belegen. Den Bratensatz in der Pfanne mit der Kochflüssigkeit loskochen und über die Artischocken gießen.

Mit Kerbel garnieren.

Gratinierter Melonenkürbis mit Ei

Vorbereitung: 10 Minuten
Garzeit: 20 Minuten
Zubereitung: einfach

Für 6 Personen

6 kleine Melonenkürbisse, 6 Eier, 100 g Crème fraîche, 150 g geriebener Käse, 50 g Paniermehl, 30 g Hefe, 1 Stückchen Butter, Salz, Pfeffer

Von den Kürbissen einen Deckel abschneiden, etwas Fruchtfleisch herausschaben und die Kürbisse anschließend 10 Minuten im Dampfkochtopf garen.

Kurz vor dem Servieren in jeden Kürbis ein Ei schlagen, 1 Eßlöffel Crème fraîche dazugeben, mit Käse und Paniermehl bestreuen, mit Butterflöckchen besetzen und mit Salz und Pfeffer würzen.

Die Kürbisse in eine flache Auflaufform setzen und 1/2 Glas Wasser in die Form gießen. Salzen und 10 Minuten bei 180 Grad im Backofen gratinieren.

Der Melonenkürbis gehört zur Familie der Gemüsekürbisse. Man nennt ihn auch Bischofsmütze oder Patisson. Unter der meist hellgrünen Schale verbirgt sich ein süßliches, milchweißes Fleisch. Im Geschmack erinnert er an die Artischocke.

WEIN
Ein spritziger, frischer Beaujolais.

Artischockensalat mit Sardellensauce

Vorbereitung: 15 Minuten
Garzeit: 5 Minuten
Zubereitung: einfach

Für 6 Personen

10 kleine violette Artischocken, 1 Salatmischung aus jungen, sehr zarten Salaten (Rucola, Löwenzahn und junger Spinat), 100 g Sardellensauce (Rezept Seite 177), 1 kleine Dose Sardellen in Öl, 6 Eier, 3 Zitronen, 1 Bund Koriandergrün

Die Eier in kochendem Wasser 5 Minuten weich kochen und anschließend abschrecken. Zum Schälen die Eier am besten auf einer glatten Fläche rollen und dabei etwas Druck ausüben, so daß die Schale Risse bekommt. Dann die Eier vorsichtig abschälen.

Die äußeren harten Blätter und die Stiele der Artischocken entfernen. Die Blattspitzen abschneiden und die Blätter in der Mitte auseinanderziehen, um das Heu herauszukratzen. Die Artischocken großzügig mit Zitronensaft beträufeln und in ein Gefäß mit kaltem Wasser und 1/2 Zitrone legen. Die Salatblätter waschen, trockenschleudern und in eine Salatschüssel geben. Die Artischocken in dünne Scheiben schneiden, zu der Salatmischung geben, mit kleinen Sardellenfilets garnieren und mit etwas Sardellensauce beträufeln.

Die Eier darauf setzen und etwas einritzen, damit das Eigelb in den Salat läuft. Mit frischen Korianderblättern garnieren und die restliche Sardellensauce getrennt dazu reichen.

Die Artischocke, die Anfang des 18. Jahrhunderts nach Frankreich kam, diente zunächst vor allem als Heilmittel. Louis Lemery bemerkte in seinem Traité des Aliments *(Lebensmittelkunde) zur Artischocke: »Sie ist besonders alten Menschen, Phlegmatikern und Melancholikern zu empfehlen.« Die Artischocke gilt aber auch als Aphrodisiakum. Deshalb war Frauen ihr Genuß früher untersagt. Kaufen Sie möglichst kleine Artischocken mit knackigen, glänzenden und fest anliegenden Blättern, die man auch roh essen kann.*

WEIN
Ein ausgewogener, kraftvoller Coteaux d'Aix-en-Provence rosé.

Grüner Spargel mit fritierten Eiern

Vorbereitung: 20 Minuten
Garzeit: 20 bis 30 Minuten
Zubereitung: etwas schwierig

Für 6 Personen

2 schöne Bund grüner Spargel, 6 Eier, 2 EL Paniermehl, 2 EL Butter, Meersalz, Fritierfett, einige Estragonstengel

Den Spargel putzen, waschen und trocknen. Zu einem Bündel zusammenbinden und die Stangen auf gleiche Länge zurechtschneiden. Einen großen Topf Wasser mit 1 Handvoll Meersalz (10 g pro Liter) erhitzen. Sobald das Wasser zu kochen beginnt, den Spargel hineingeben und je nach Dicke 20 bis 30 Minuten garen. Anschließend abschrecken und auf einem Geschirrtuch abtropfen lassen.

In der Zwischenzeit die Eier weich kochen, abschrecken und vorsichtig schälen.

Das Fritierfett erhitzen. Die Eier zunächst in der zerlassenen Butter und dann in dem Paniermehl wenden. Danach sofort für 2 Minuten in das sehr heiße Fett geben und anschließend auf Küchenpapier abtropfen lassen.

Den Spargel auf den Tellern anrichten, jeweils 1 Ei darauf setzen und mit dem feingehacktem Estragon garnieren.

Wenn die Gäste ihre Eier aufschneiden, ergießt sich das Eigelb über den Spargel. Am besten reichen Sie zu diesem Gericht eine leichte Schaumsauce mit Estragon.

MERE

Zickleinragout mit Frühlingsgemüse

Vorbereitung: 30 Minuten
Garzeit: 45 Minuten
Zubereitung: relativ einfach

Für 6 Personen

ca. 1 1/2 kg Zickleinfleisch (Schulter, Rippenstück oder Keule; mit Knochen), 4 Tomaten, 2 EL Butter, 10 kleine Kartoffeln, 100 ml Öl, 10 junge Möhren mit Kraut, 6 junge weiße Rübchen mit Kraut, je 1 Handvoll junge Erbsen, Prinzeßbohnen, Zuckerschoten und Dicke Bohnen, 6 junge Zwiebeln, 3 Knoblauchzehen, 1 Prise Zucker, Salz, 2 EL Mehl, 1 Kräutersträußchen, 30 g Speckstreifen, 1 große Zwiebel, 2 Möhren, frischer Kerbel

Sämtliches Gemüse putzen.

Das Öl und die Butter in einem gußeisernen Schmortopf erhitzen und das in gleich große Stücke zerteilte Fleisch goldgelb darin anbraten. Die gehackte Zwiebel und den gehackten Knoblauch und danach die beiden in Scheiben geschnittenen Möhren dazugeben. Mit Salz und Pfeffer würzen. Sobald das Fleisch schön goldbraun ist, das Fett etwas abschöpfen, das Ganze mit Zucker bestreuen, gut umrühren und leicht karamelisieren lassen. Anschließend das Mehl dazugeben, umrühren und leicht anbräunen lassen.

Mit Wasser bedecken und die geschälten Tomaten und das Kräutersträußchen dazugeben. Zum Kochen bringen und zugedeckt 40 bis 45 Minuten bei schwacher Hitze im Backofen garen. Das Fleisch aus dem Ofen holen, die großen Knochen aus dem Topf nehmen und zur Seite stellen.

Die jungen Zwiebeln in der Pfanne mit etwas Butter glacieren und dann beiseite stellen. Den Speck goldgelb anbraten und ebenfalls zur Seite stellen.

Dann nacheinander das junge Gemüse in kochendem Salzwasser garen. Sobald es halbgar ist, abgießen und beiseite stellen. Die Kartoffeln in Öl wenden und 5 Minuten in der Pfanne goldgelb anbräunen.

Die Fleischbrühe entfetten. Das Fleisch, die Kartoffeln, die Zwiebeln, den Speck, die Möhren und die Rübchen hineingeben und das Ganze langsam zum Kochen bringen. Zum Schluß die Bohnen, die Zuckerschoten, die Erbsen und die gekochten und enthäuteten Dicken Bohnen dazugeben.

Mit Kerbel garniert im Schmortopf servieren.

WEIN

Pauillac, ein Médoc-Wein, dem man eine längere Reifezeit zugestehen sollte, oder ein Côtes du Luberon, Domaine de la Citadelle, mit sehr abgerundetem Bouquet.

Gratinierte Zucchini mit jungem Knoblauch

Vorbereitung: 20 Minuten
Garzeit: 10 Minuten
Zubereitung: sehr einfach

Für 4 Personen

2 mittelgroße, feste Zucchini, 2 junge Knoblauchzehen, 2 Eier, 3 EL Crème fraîche, 1 kleines Glas Milch, einige frische Thymianzweige, Butter, Salz, Pfeffer

Die Zucchini waschen, abtrocknen und in sehr dünne Scheiben schneiden. Vier kleine Gratinförmchen mit Butter einstreichen und die Zucchinischeiben wie bei einer Torte hineinschichten.

Die Eier in einer Schale mit der Crème fraîche, der Milch, den abgezupften Thymianblättchen und dem durchgepreßten Knoblauch verquirlen. Mit Salz und Pfeffer abschmecken und die Mischung über die Zucchini gießen.

Den Backofen auf 180 Grad vorheizen und die Zucchini 10 Minuten gratinieren. Sehr heiß servieren.

WEIN

Ein Côtes du Ventoux rouge, Château blanc.

Wildkaninchentarte mit Olivenpaste

Vorbereitung: 30 Minuten
Backzeit: 15 Minuten
Zubereitung: schwierig

Für 6 Personen

200 g Tomatenconcassé (Rezept Seite 176), 4 Wildkaninchenrücken mit Lebern und Nieren, 6 reife, aber schnittfeste Tomaten, 150 g schwarze Olivenpaste (Rezept Seite 177), 2 Schalotten, 1 Bund Basilikum, Olivenöl, Salz, Pfeffer aus der Mühle, 6 längliche Auberginen, 300 g Blätterteig

Die ungeschälten Auberginen in dünne Scheiben schneiden und diese in Olivenöl in der Pfanne 2 Minuten goldgelb anbraten. Mit Salz und Pfeffer würzen, auf Küchenpapier abtropfen lassen und zur Seite stellen.

Die Tomaten enthäuten und in Scheiben schneiden. Die Olivenpaste und das Tomatenconcassé vermengen. Die Schalotten hacken und in der Pfanne mit Olivenöl anschwitzen. Die Kaninchenrücken hineingeben und rundherum kräftig anbraten.

Eine Biskuitform mit Öl einstreichen. Das Fleisch in dünne Scheiben schneiden. Nun abwechselnd die Tomaten-, die Auberginen- und die Fleischscheiben rosettenförmig hineinschichten und das Ganze zum Schluß dünn mit der Oliven-Tomaten-Mischung bestreichen. Aus dem Blätterteig einen Kreis zurechtschneiden, der größer als die Form sein muß. Die Teigscheibe auf das Fleisch und das Gemüse legen, den Teigrand nach innen einschlagen und den Teig einstechen. Anschließend 10 Minuten im Kühlschrank ruhenlassen.

Die Tarte in 10 Minuten bei 200 Grad goldbraun backen und auf eine große Servierplatte stürzen.

Die Lebern und die Nieren in der Pfanne braten, in Scheiben schneiden und fächerförmig in der Mitte der Tarte anordnen. Mit dem Basilikum garnieren.

Kalbsleber mit Zitrusjus

Vorbereitung: 20 Minuten
Garzeit: 10 Minuten
Zubereitung: einfach

Für 6 Personen

ca. 1,2 kg Kalbsleber am Stück, 3 Grapefruits, 4 Orangen, 150 ml Portwein, 2 EL Sonnenblumenöl, 50 g Butter, 3 rote Zwiebeln, 200 g Fritierteig (Rezept Seite 178), Fritierfett

2 Grapefruits und 3 Orangen schälen. Dabei auch die weiße Haut mit entfernen. In Spalten zerteilen und mit Hilfe eines scharfen Messers filetieren. Die restlichen Früchte auspressen. Alles zur Seite stellen.

Aus der Kalbsleber sechs Quadrate zurechtschneiden.

Die Zwiebeln in dünne Ringe schneiden, die Ringe durch den Fritierteig ziehen und anschließend ins Fritierfett geben. Auf Küchenpapier abtropfen lassen und warm stellen.

Die Leber kurz vor dem Servieren in einer Pfanne in dem Öl braten, die Stücke auf eine vorgewärmte Platte legen und zur Seite stellen.

Den Bratfond entfetten und mit dem Saft und dem Portwein vom Pfannenboden loskochen. Um ein Drittel einkochen lassen und die Sauce anschließend mit der Butter, die in kleinen Stückchen beigegeben wird, aufschlagen.

Die Leberscheiben auf einer Servierplatte anrichten, rundherum mit den Orangen- und Grapefruitspalten garnieren, mit der Sauce begießen und die Zwiebelbeignets darüberstreuen.

WEIN
Ein Côtes du Rhône Villages Laudun, Domaine Pelaquié.

Ein Kindernachmittag

An einem herrlichen Mittwoch im Mai hatten wir das Haus voller Kinder. Unsere Enkelin Chiara hatte ihre Cousinen zu einer ländlichen Kaffeetafel eingeladen.

Das bot mir die Gelegenheit, die »Kuchenfee« zu spielen. Für die größeren holte Großvater Philippe seine Schätze – das Krocket und die Säcke für das Sackhüpfen – vom Speicher. Ich hatte einen Mandelkuchen gebacken, den Séverine und Marion so liebten, und eine Erdbeertorte für Estelle. Von Annick, unserer Freundin aus der Normandie, bekam ich das Rezept für den Apfelkuchen nach Art ihrer Großmutter. Chiara, unsere Leckermäulchen, naschte mit ihren kleinen Fingern aus der Schüssel mit der Schokoladen-Karamel-Mousse. Olivia und Manon servierten gekonnt die Schokoladencreme. Zu all diesen Leckereien gab es Früchtecocktails, Orangensaft, Grenadine und rote Beeren. Die Erwachsenen tranken dazu einen Muscat aus Beaumes-de-Venise oder einen alten Banyuls mit Kaffeenote.

Ein herrlicher Kindernachmittag!

Schokoladen-Karamel-Mousse

Vorbereitung: 30 Minuten
Garzeit: 10 Minuten
Zubereitung: relativ einfach

Ergibt 12 Schälchen oder eine große Schüssel

250 g Zartbitterschokolade, 80 g Streuzucker, 6 Eigelb, 600 g Sahne

Für die Karamelmasse den Zucker bei schwacher Hitze schmelzen. Die Herdplatte anschließend ausschalten und vorsichtig 150 g Sahne angießen. Gut umrühren, die Eigelbe hinzufügen und das Ganze bei geringer Wärmezufuhr wie eine Englische Creme köcheln lassen. Die Masse dann durch ein Sieb über die gehackte Schokolade passieren. Glattstreichen und etwas auskühlen lassen.

Die restliche Sahne schlagen, bis sie cremig, aber nicht steif ist, und vorsichtig unter die Schokoladenmasse heben. Die fertige Creme auf Schälchen verteilen oder in eine hübsche Schüssel füllen.

Kalt stellen.

Der Karamel verleiht dieser Mousse einen leicht herben Geschmack. Sie eignet sich deshalb auch gut als Füllung für eine Biskuitrolle oder als Aufstrich für ein Baiser.

Apfelkuchen »Annick«

Vorbereitung: 10 Minuten
Backzeit: 45 Minuten
Zubereitung: relativ einfach

Für 6 Personen

5 säuerliche Äpfel (Gravensteiner oder Boskoop), 100 g gesiebtes Mehl, 100 g Zucker, 100 ml Öl, 1/2 Päckchen Backpulver, 6 EL Calvados, 4 Eier, 100 g Butter, 150 g Zucker oder Honig

Die Äpfel schälen, in breite Spalten schneiden und in dem Calvados kurz marinieren.

Äpfel abtropfen lassen, dabei den Calvados auffangen. 2 Eier und Zucker schaumig schlagen, zuerst den aufgefangenen Calvados und das Öl, dann Mehl und Backpulver unterrühren. Den Teig anschließend in eine mit Butter eingestrichene und mit Mehl bestäubte Springform (Ø 26 cm) füllen. Mit den Apfelspalten belegen.

Den Backofen auf 170 Grad vorheizen, und die Form für 30–35 Minuten hineingeben.

In der Zwischenzeit die restlichen beiden Eier, die zerlassene Butter und die 150 g Zucker oder den Honig verrühren. Die Masse auf dem Kuchen verteilen und ihn weitere 10 Minuten bei 200 Grad backen.

Den fertigen Kuchen leicht auskühlen lassen und noch lauwarm aus der Form nehmen.

Ich habe diese Apfeltorte zum erstenmal bei unseren Freunden Jojo und Annick Gaillard genossen. Sie besitzen ein Landhaus in Saint Barthélémy, einem traumhaften Ort mit einem angenehm milden Klima, in dem sogar Palmen gedeihen.

DAZU PASST
ein guter Calvados.

Erdbeertorte

Vorbereitung: 45 Minuten
Backzeit: 20 Minuten
Zubereitung: einfach

Für 6 Personen

200 g süßer Sandteig (Rezept Seite 178), 150 g Konditorcreme, 500 g Erdbeeren, 1 EL Puderzucker, frische Minze
Für die Konditorcreme: 1 Päckchen Vanillepudding pulver, 100 g Zucker, 4 Eigelb, 1/2 l Milch

Den Boden einer Springform (∅ 26 cm) mit dem 2 cm dick ausgerollten Sandteig auslegen und bei 200 Grad 20 Minuten backen.

Für die Konditorcreme das Puddingpulver und die Hälfte des Zuckers mischen. Die Eigelbe und 1/4 Liter Milch zugeben und klumpenfrei verrühren. Dann die restliche Milch mit dem restlichen Zucker zum Kochen bringen. Die Puddingpulver-Mischung umrühren, in die kochende Milch einrühren und nochmals aufkochen lassen.

Den Teig mit der Konditorcreme bestreichen und mit den gewaschenen und entstielten Erdbeeren belegen. Mit etwas Puderzucker bestäuben und mit der frischen Minze garnieren.

Erdbeeren sollte man immer erst nach dem Waschen entstielen und sie dabei möglichst wenig drücken.

Mandel-Haselnuß-Kuchen

Vorbereitung: 15 Minuten
Backzeit: 60 Minuten
Zubereitung: sehr einfach

Für 6 Personen

100 g ganze Mandeln (nach Möglichkeit frische), 100 g Haselnüsse, 3 Eier, 150 g Zucker, 2 EL Orangenblütenwasser, 100–125 g gesiebtes Mehl, 2 EL feingemahlene Mandeln, 2 gestrichene TL Backpulver, 75 g flüssige Butter

Die Mandeln und die Haselnüsse in der Küchenmaschine grob hacken.

Eier und Orangenblütenwasser schaumig schlagen, den Zucker nach und nach einrieseln lassen.

Mehl, Backpulver und gemahlene Mandeln mischen und langsam hinzufügen. Dann die gehackten Mandeln und Haselnüsse unterrühren. Zum Schluß die Butter vorsichtig untermengen.

Eine Kastenform (11 × 25 cm) mit Butter einstreichen, mit Mehl bestäuben und zu zwei Drittel mit dem Teig füllen.

Den Backofen auf 170 Grad vorheizen. Den Kuchen für 60 Minuten hineingeben. Danach mit einem Messer einstechen. Bleibt die Messerspitze sauber, ist der Kuchen fertig.

Dieser Kuchen eignet sich wunderbar zum Tee, und auch Kinder lieben ihn sehr. Ich würde Ihnen empfehlen, eine gute selbstgemachte Orangenmarmelade dazu zu reichen.

Aprikosenmarmelade mit Mandeln

Vorbereitung: 10 Minuten
Garzeit: 35 Minuten
Zubereitung: sehr einfach

1 kg sehr reife und sehr süße Aprikosen, 1 EL Butter, 400 g Zucker, 150 g Honig, 1 Handvoll geschälte oder frische Mandeln

Die Aprikosen waschen, entsteinen und halbieren. Eine Pfanne erhitzen und die Butter darin zerlassen. Zunächst die Früchte und dann den Zucker hineingeben, gut umrühren, dann die Mandeln und den Honig dazugeben. 35 bis 40 Minuten kochen und dabei immer wieder umrühren.

Die Masse abkühlen lassen und in Marmeladengläser abfüllen.

Zitronencremetorte mit Baiserhaube

Vorbereitung: 20 Minuten
Backzeit: 50 Minuten
Zubereitung: relativ einfach

Für 6 Personen

200 g süßer Sandteig (Rezept Seite 178), Saft und abgeriebene Schale von 3 Zitronen, 30 g Butter, 3 Eier + 2 Eigelb, 180 g Zucker, 150 g Crème fraîche
Für die Baisermasse: 3 Eiweiß, 200 g Puderzucker

Für die Creme die Eier, den Zitronensaft, die Eigelbe, den Zucker und die Crème fraîche im Mixer verrühren. Anschließend die warme zerlassene Butter hinzufügen.

Eine Springform (Ø 26 cm) mit dem Sandteig auslegen, den Boden einstechen und 10 Minuten bei 180 Grad vorbacken. Dann die Creme darauf verstreichen. Mit der abgeriebenen Zitronenschale bestreuen und weitere 30 Minuten backen. Die Form aus dem Ofen nehmen.

Für die Baisermasse die Eiweiße zu einem steifen Schnee schlagen. Nach und nach den Puderzucker dazugeben und weiterschlagen.

Die Masse in einen Spritzbeutel mit Sterntülle (Ø ca. 10 mm) füllen und die Torte spiralförmig damit verzieren. Den Backofen auf 150 Grad herunterschalten und die Torte für weitere 10 bis 12 Minuten hineingeben.

Kirschauflauf nach Art des Hauses

Vorbereitung: 30 Minuten
Backzeit: 30 bis 40 Minuten
Zubereitung: einfach

Für 6 Personen

1 1/2 kg Kirschen, 1 1/2 EL weiche Butter, 4 EL Zucker
Für die Creme: 200 g Zucker, 50 g Mehl, 100 g Crème fraîche, 4 Eier

Die Kirschen mit dem Zucker und der weichen Butter in eine Schüssel geben und durchziehen lassen.

Für die Creme die 4 Eier mit dem Zucker schaumig schlagen. Nacheinander das Mehl und die Crème fraîche unterrühren.

Die Früchte in eine Auflaufform geben, die Creme darübergießen und die Form für 30 bis 40 Minuten in den auf 180 Grad vorgeheizten Backofen schieben.

Warm servieren.

Schokoladen-Mandel-Kuchen »Rosita«

Vorbereitung: 10 Minuten
Backzeit: 55–60 Minuten
Zubereitung: relativ einfach

Für 8 bis 10 Personen

250 g Butter, 250 g Zucker, 4 Eier, 2 EL Cognac, 1 TL Zimt, 100 g Zartbitterschokolade, 250 g feingemahlene Mandeln, 2 gestrichene TL Backpulver
Für die Glasur: 50–75 g Butter, 1 TL Instantkaffeepulver, 100 g Zartbitterschokolade, 150 g Puderzucker, 1 EL Öl, 1 EL Cognac

Die Butter und den Zucker mit dem Mixer oder dem Schneebesen schaumig schlagen. Nach und nach die vier Eier, dann den Cocgnac, den Zimt, die gehackte und geschmolzene Schokolade und zum Schluß die Mandeln und das Backpulver unterrühren.

Eine Springform (Ø 26 cm) mit Butter einstreichen und mit Mehl bestäuben.

Den Backofen auf 175 Grad vorheizen und die Form fur 55–60 Minuten hineingeben. Anschließend mit dem Messer prüfen, ob der Kuchen fertig ist und ihn aus der Form stürzen.

Für die Glasur die im Wasserbad geschmolzene Schokolade mit dem Puderzucker, dem Öl, dem Kaffeepulver, der zerlassenen Butter und dem Cognac verrühren. Sobald der Kuchen gut ausgekühlt ist, die Glasur darübergießen und mit einem Teigschaber verstreichen.

Dieser herrliche Kuchen schmeckt noch besser, wenn er einige Tage alt ist. Man kann ihn auch einfrieren. Rosita, meine Londoner Freundin, eine liebenswerte Plaudertasche und Naschkatze, genießt diesen Kuchen am liebsten mit einer Tasse Tee.

Goldgelbe Madeleines mit Akazienhonig

Vorbereitung: 15 Minuten
(1 Stunde im voraus)
Backzeit: 10 Minuten
Zubereitung: relativ einfach

Für 6 Personen
4 Madeleines pro Person

100 g Puderzucker, 50 g feingemahlene Mandeln, 3 EL Mehl, 3 Eiweiß, 100 g Butter, 3 große EL Akazienhonig

Die Butter so lange erhitzen, bis sie eine haselnußbraune Farbe annimmt (sie sollte auch nach Haselnuß riechen), in eine Schüssel gießen und abkühlen lassen, damit sich sämtliche Verunreinigungen am Boden absetzen.

Den Puderzucker, die gemahlenen Mandeln und das Mehl in einer Schüssel vermengen. Die Eiweiße steifschlagen und zu der Mischung geben. Anschließend die Butter unterrühren. Alles gut vermischen und 1 Stunde kalt stellen.

Den Teig auf 24 kleine Förmchen oder eine Madeleineform verteilen und 10 Minuten bei 150 Grad backen. Die Madeleines anschließend sofort aus der Form stürzen.

Schon Marcel Proust schwärmte für die zarten Madeleines, die er gerne mit einem Tee genoß.

Mittagstisch für Pierre Arditi

Pierre ist nicht nur ein Lebenskünstler, sondern auch ein Schlemmer und Feinschmecker, der sich am Wein und am Essen gütlich tut und dabei unentwegt erzählt.

Als Künstler legt er besonderen Wert auf einen schön gedeckten Tisch und er liebt farbenfreudiges Geschirr. Die Erinnerung an die Mahlzeiten, die ihm seine Großmutter als Kind zubereitet hat und von denen er uns an einem Vormittag im April bei einer guten Tasse Kaffee erzählte, haben mich zu den folgenden einfachen Gerichten inspiriert, die er sich immer bestellt, wenn ihn seine Freunde in der Provence besuchen.

Calamaressalat mit Kapuzinerkresseblüten

Vorbereitung: 25 Minuten
Garzeit: 45 Minuten
Zubereitung: einfach

Für 8 Personen

2 kg frische Calamares (gewaschen und ausgenommen), 300 g pikant abgeschmecktes Tomatenconcassé (Rezept Seite 176), 200 g Crème fraîche, 1 kleine, frische Pfefferschote, einige Kapuzinerkresseblüten, Olivenöl, einige Knoblauchzehen, Salz, Pfeffer

Die Calamares in Stücke schneiden, die Knoblauchzehen schälen und hacken, die Pfefferschote zerdrücken.

Die Calamares in einer Pfanne mit dem Olivenöl kräftig anbraten. Den Knoblauch und die Pfefferschote dazugeben und mit Salz und Pfeffer würzen.

Nach 7 Minuten die Wärme reduzieren und die Pfanne zudecken. Die Calamares insgesamt 35 Minuten garen und anschließend abkühlen lassen. Die Kochflüssigkeit aufheben.

In einer Kasserolle das Tomatenconcassé, die Crème fraîche und die Kochflüssigkeit verrühren, 10 Minuten einkochen und dann abkühlen lassen.

Die Calamares kurz vor dem Servieren in eine Salatschüssel geben, mit der Sauce übergießen, gut durchmischen und mit den Kresseblüten garnieren.

Einige Kapuzinerkressesamen, die man in einem Blumentopf auf dem Fensterbrett gezogen hat, genügen, damit man seinen Sommersalaten Farbe verleihen kann.

WEIN
Crozes Hermitage blanc, ein frischer und zugleich blumiger Côtes-du-Rhône-Wein.

Tomatensuppe mit Thunfisch

Vorbereitung: 15 Minuten
Garzeit: 10 Minuten
Zubereitung: einfach

Für 6 Personen

12 reife Tomaten, 50 ml Olivenöl, Saft von 1 Zitrone, 3 Schalotten, 3 Knoblauchzehen, Basilikum, Selleriesalz, 200 g Sahne, 1 Scheibe Thunfisch (500 g), Salz, Pfeffer

Die Tomaten 3 Minuten in kochendes Wasser legen, anschließend enthäuten und in jeweils 6 Stücke zerteilen.

Das Olivenöl in einer Pfanne erhitzen und die gehackten Schalotten goldgelb darin anbraten. Dann nacheinander die Tomaten, den gehackten Knoblauch und das Basilikum dazugeben. Gut umrühren. Mit Selleriesalz, Salz und Pfeffer abschmecken und bei schwacher Hitze 10 Minuten köcheln lassen.

In der Zwischenzeit den Thunfisch in winzige Würfel schneiden, mit dem Zitronensaft beträufeln und zur Seite stellen.

Die Tomatenmischung pürieren und warm halten.

Die Sahne steifschlagen, mit Salz und Pfeffer würzen und beiseite stellen.

Die Tomatensuppe auf sechs Teller verteilen, mit den Thunfischwürfeln bestreuen und mit einem Klecks Schlagsahne und Basilikum garnieren.

Im Sommer kann man diese Suppe auch kalt servieren.

WEIN
Ein Entre-deux-Mers, ein spritziger, aromatischer Wein aus der Gegend zwischen Dordogne und Garonne.

Fischlasagne

Vorbereitung: 30 Minuten
Garzeit: 20 Minuten
Zubereitung: einfach

Für 6 Personen

8 mittelgroße Zucchini, 600 g Kabeljau am Stück, 6 Sardellenfilets in Öl, 200 g Parmesan, 1 Knoblauchzehe, Salz, Pfeffer, 1/2 l pikant gewürzte Gemüsebrühe

Für die Béchamelsauce: 2 EL Mehl, 2 EL Butter, 1/4 l Milch + 1/4 l Gemüsebrühe, Salz, Pfeffer

Den Kabeljau 8 Minuten bei schwacher Hitze in der Gemüsebrühe pochieren und anschließend abkühlen lassen.

Die Brühe durchseihen. Den Fisch häuten und entgräten und das Fleisch zerpflücken.

Für die Béchamelsauce je 1/4 l Milch und 1/4 l Gemüsebrühe zusammen erhitzen. Die Butter in einer Kasserolle zerlassen und dann das Mehl mit einem Kochlöffel einrühren. Sobald die Masse Blasen wirft, den Topf vom Herd nehmen und nach und nach unter ständigem Rühren die Flüssigkeit einrühren. Den Topf dann wieder auf die Herdplatte stellen und weiterrühren. Zum Schluß die kleingehackten Sardellenfilets dazugeben und die Sauce mit Salz und Pfeffer abschmecken.

Den Parmesan reiben. Die Zucchini waschen, abtrocknen und der Länge nach in dünne Scheiben schneiden.

Eine Auflaufform mit Knoblauch ausreiben und mit Butter einstreichen. Abwechselnd eine Schicht Zucchinischeiben, eine Schicht Kabeljau und eine Schicht Béchamelsauce einfüllen und das Ganze zum Schluß mit dem geriebenen Parmesan bestreuen. Den Vorgang so lange wiederholen, bis alle Zutaten aufgebraucht sind. Den Abschluß sollte eine Zucchinischicht bilden, die Sie noch einmal mit Parmesan bestreuen. Die Lasagne dann 15 bis 20 Minuten bei 240 Grad im Backofen garen.

Kleine gefüllte Gemüse

Vorbereitung: 1 Stunde
Garzeit: 20 Minuten
Zubereitung: relativ schwierig

Für 6 Personen

6 kleine, runde Zucchini, 6 kleine Eiertomaten, 6 sehr kleine Auberginen, 6 Zwiebeln, 6 sehr kleine Paprikaschoten, 6 Champignonköpfe (die Stiele aufheben), Olivenöl, Salz, Pfeffer

Das kleine Gemüse aushöhlen und die Deckel aufheben. Das ausgehöhlte Fruchtfleisch für die jeweilige Füllung mitverwenden. In eine flache Auflaufform setzen, mit Salz und Pfeffer würzen und mit etwas Olivenöl beträufeln. 5 Minuten bei 200 Grad im Backofen garen. In der Zwischenzeit die Füllungen zubereiten.

Für die Zucchini: **150 g Frischkäse, 1 Knoblauchzehe, 2 Stengel gehacktes Basilikum, 1 EL geröstete und gehackte Pinienkerne, 2 Eier, Salz, Pfeffer**

Das Zucchinifleisch sehr fein würfeln und mit den Zutaten vermengen.

Für die Tomaten: **2 Tomaten, 200 g Fleischreste, 1 Knoblauchzehe, gehackte Petersilie, 2 Eier, Paniermehl**

Die Zutaten mit dem Fruchtfleisch der Tomaten vermischen.

Für die Auberginen: **2 Tomaten, 2 gehackte Sardellen in Öl, 2 Stengel feingehacktes Basilikum, 2 Eier**

Das Auberginenfleisch mit den Zutaten vermengen.

Für die Zwiebeln: **etwas Essig, 2 EL Grenadine**

Das Innere der Zwiebeln hacken, den Essig und die Grenadine dazugeben und 10 Minuten bei schwacher Hitze einkochen lassen.

Für die Paprikaschoten: **1 große Paprikaschote, 2 Eier, 1 gehackte Knoblauchzehe, 1 Stengel Oregano**

Die Paprikaschote enthäuten, fein würfeln und mit den Eiern, dem Knoblauch und dem Oregano vermengen und abschmecken.

Für die Champignons: **die Stiele und 2 ganze Champignons, 2 Schalotten, 20 g Butter, 20 g Sahne, 1 EL gehacktes Koriandergrün, 2 Eier**

Die Champignons und die Schalotten mischen und in einer Pfanne mit der Butter so lange braten, bis die Flüssigkeit vollständig verdampft ist. Die Sahne, den Koriander und die Eier dazugeben und abschmecken.

Die Farcen einkochen lassen.

Das Gemüse mit der jeweiligen Farce füllen, in eine flache Auflaufform setzen und die Deckel darauf geben. Mit etwas Olivenöl beträufeln.

Mit Alufolie abdecken und für 20 Minuten in den auf 180 Grad vorgeheizten Ofen geben.

Sonntagsgeflügel

Vorbereitung: 40 Minuten
Garzeit: 1 Stunde
Zubereitung: einfach

Für 12 Personen

1 Bauernhähnchen (2 kg; vom Geflügelhändler ausgenommen und enthäutet), 1 Perlhuhn (ausgenommen und ficeliert), 2 ausgenommene Täubchen, 500 g Muskatellertrauben, 1 Zwiebel, 50 g Butter, Öl, Salz, Pfeffer
Für die Hähnchenfarce: 2 EL Butter, 2 EL Frischkäse, 1 Bund gemischte Kräuter (Estragon, Kerbel, Koriander), Salz, Pfeffer
Für die Taubenfarce: die Lebern und Herzen der Täubchen, 2 Schalotten, 2 Eier, etwas Armagnac, 100 g altbackenes Brot ohne Rinde, Milch, Salz, Pfeffer, 6 Wacholderbeeren,
Bindfaden, 1 Nadel zum Bridieren

Für die Hähnchenfarce die weiche Butter und den Frischkäse im Mixer verrühren, die gehackten Kräuter dazugeben und mit Salz und Pfeffer würzen. Die Paste mit einer Teigspritze unter der Haut des Hähnchens verteilen.

Das Hähnchen mit einem Bindfaden zusammenbinden und die Beine und Flügel festnähen. Das Hähnchen in eine mit Öl ausgepinselte Reine legen, mit Butterflöckchen besetzen und 45 Minuten im heißen Ofen braten. Von Zeit zu Zeit mit der Bratflüssigkeit begießen. Das Perlhuhn mit Salz und Pfeffer würzen, mit etwas Öl einreiben, mit Butterflöckchen besetzen und nach 10 Minuten zu dem Hähnchen in den Ofen geben.

Das Brot in Milch einweichen und dann ausdrücken. Die Lebern und Herzen der Täubchen hacken und mit den Eiern, den gehackten Schalotten, dem Armagnac und den zerdrückten Wacholderbeeren zu dem Brot geben. Mit Salz und Pfeffer würzen. Die Täubchen mit dieser Farce füllen, zusammenbinden und in Butter und Öl in einem Schmortopf auf jeder Seite jeweils 20 Minuten braten.

Die Hälfte der Weintrauben schälen und die andere Hälfte auspressen. Die Zwiebel schälen, in dünne Ringe schneiden und in einem Schmortopf goldgelb anbräunen. Anschließend die Trauben dazugeben. Das Perlhuhn aus dem Ofen nehmen, in den Schmortopf legen und den Traubensaft angießen. Mit Salz und Pfeffer abschmecken und weitere 5 Minuten garen. Das Geflügel auf einer großen Platte anrichten. Dazu Kartoffeln reichen und die Saucen getrennt dazu servieren.

WEIN
Ein Cornas von Auguste Clape, ein kraftvoller Wein, der eine gewisse Zeit reifen muß.

Bratkartoffeln mit Kerbel

Vorbereitung: 10 Minuten
Garzeit: 25 bis 30 Minuten
Zubereitung: einfach

Für 6 Personen

1½ kg festkochende Kartoffeln, 3 EL Gänseschmalz, 3 Zwiebeln, Salz, Pfeffer, 1 Bund Kerbel

Die Kartoffeln schälen und in Scheiben schneiden. Das Gänsefett in einem gußeisernen Schmortopf erhitzen und die Kartoffeln goldbraun darin anbraten. Den Topf zudecken und die Kartoffeln 20 Minuten garen. Dabei von Zeit zu Zeit umrühren und mit Salz und Pfeffer abschmecken. Den Topf anschließend vom Herd nehmen, damit die Kartoffeln abdämpfen können.

Die Zwiebeln in feine Ringe schneiden und zu den Kartoffeln geben. Den Topf wieder auf den Herd stellen und die Kartoffeln mit den Zwiebeln weitere 10 bis 15 Minuten garen.

Zuletzt abschmecken, mit dem Kerbel bestreuen und im Topf servieren.

Dieses sehr einfache Gericht eignet sich hervorragend als Beilage zu dem Sonntagsgeflügel.

Herbstlicher Traubensalat

Vorbereitung: 25 Minuten
Zubereitung: einfach

Für 6 Personen

je 2 Trauben blaue und weiße Muskatellertrauben, 6 frische Feigen, 100 ml Muscat de Beaumes-de-Venise, 400 g Zucker, 1 Vanilleschote, 6 Minzeblätter

Die Trauben schälen und in eine Kompottschüssel geben. Die Feigen ebenfalls schälen, in Scheiben schneiden und zu den Weintrauben geben.

Für die Sauce den Zucker 20 Minuten in 1 l Wasser kochen und anschließend abkühlen lassen. Den Wein mit dem Zuckersirup verrühren und über die Früchte gießen. Die Minzeblätter fein hacken und die Hälfte zu den Früchten geben. Den Obstsalat dann 1 Stunde an einem kühlen Platz durchziehen lassen.

Zum Schluß die Vanilleschote auskratzen, das Mark unter die Früchte mischen und den Salat mit den restlichen Minzeblättern bestreuen.

Diesen Obstsalat sollte man gut gekühlt servieren.

Die weiße Muskatellertraube mit ihrem saftigen, aromatischen Fruchtfleisch und die blaue Muskatellertraube mit der zarteren Schale ergänzen sich in diesem herbstlichen Dessert ganz vortrefflich.

WEIN
Ein Muscat de Beaumes-de-Venise.

Pfirsichkaltschale mit Eisenkraut

Vorbereitung: 15 Minuten (am Vortag)
Garzeit: 30 Minuten (für den Sirup)
Zubereitung: einfach

Für 6 Personen

2 kg sehr reife weiße Pfirsiche, 100 ml Zitronensaft, 1 l Wasser, 500 g Zucker, 1 Bund Eisenkraut und einige frische Eisenkrautblätter

Am Vortag das Wasser mit dem Zucker 30 Minuten kochen lassen. Dann das Eisenkraut 1 Stunde darin ziehen lassen.

Die Pfirsiche 2 Minuten in kochendes Wasser legen, schälen und entsteinen. 1 kg zur Seite stellen.

Die restlichen Pfirsiche mit dem erkalteten Sirup pürieren, den Zitronensaft dazugeben und kalt stellen.

Am folgenden Tag die andere Hälfte der Pfirsiche halbieren und in die Kaltschale geben. Gut gekühlt, mit frischen Eisenkrautblättern garniert, servieren.

WEIN
Ein Pfirsichwein.

Ein Essen mit Freunden

An einem Vormittag Anfang Juli herrschte Ferienstimmung im Mas Tourteron. *Denn wie in jedem Sommer bekamen wir Besuch von einigen guten Freunden, die auf der Durchreise auch in unsere schöne Gegend kamen.*

Ich hatte aus diesem Anlaß ein Essen unter der alten Linde im Hof geplant. Einige Nachbarn, die eigentlich nur auf ein Glas Wein vorbeigekommen waren, ließen sich auch nicht lange bitten, an unserem Mahl teilzunehmen. Untermalt vom Zirpen der Grillen tauschten wir Erinnerungen aus, unterhielten uns über gutes Essen und waren fröhlicher Stimmung. Ich glaube, es gibt nichts Schöneres als die Wiedersehensfreude. Allmählich füllte sich der Tisch mit lauter guten Sachen: ein leichtes Tomatensüppchen, ein Lamm-Tian, eine leckere Polenta und zum Abschluß unseres kleinen Festes ein paar Beeren.

Auf ein Wiedersehen im nächsten Jahr…

Tomatenpizza

Vorbereitung: 15 Minuten (am Vortag)
+ 20 Minuten
Backzeit: 15 bis 20 Minuten
Zubereitung: einfach

Für 4 Personen

Für den Kräuter-Sandteig: 120 g Mehl, 60 g Butter, 1 Ei, 1 Bund glatte Petersilie, 1 Bund Schnittlauch, Salz
Für den Belag: 300 g sehr reife Fleischtomaten, 6 kleine Tomaten, 4 rote Zwiebeln
Außerdem: 2 EL Butter, 30 g Butter, etwas Olivenöl, etwas frischer Thymian, etwas Zucker, Meersalz, Pfeffer

Den Teig nach Möglichkeit bereits am Vortag zubereiten, damit er etwas ruhen kann. Dazu die Petersilie und den Schnittlauch fein hacken und in der Küchenmaschine mit dem Mehl zu einem grünen Teig kneten. Die Butter mit dem Salz vermengen, das Ei und das Mehl dazugeben und und das Ganze vorsichtig durchkneten. Den Teig zu einer Kugel formen, in Frischhaltefolie verpacken und im Kühlschrank ruhenlassen.

Die Butter in einer Pfanne zerlaufen lassen, die in dünne Ringe geschnittene Zwiebel dazugeben, mit Salz und Pfeffer würzen und zudecken. Die Zwiebelringe dann bei schwacher Hitze 20 Minuten zerfallen lassen. Sie sollten dabei glasig werden, aber keine Farbe annehmen. Anschließend warm halten.

Die Fleischtomaten enthäuten, entkernen, hacken, mit Salz und Pfeffer würzen und in ein Sieb geben.

Den Backofen auf 220 Grad vorheizen.

Den Teig auf einem mit Butter eingefetteten und mit Mehl bestäubten Blech (besser noch auf Backpapier) zu einem 28 × 17 cm großen Rechteck ausrollen und die Ränder etwa 2 cm hochziehen. Den Teig 15 Minuten backen und dabei laufend überwachen.

Die kleinen Tomaten waschen, abtrocknen und vierteln. Die geschmolzenen Zwiebeln mit den gehackten Fleischtomaten vermengen und die Mischung auf den Teigboden streichen. Die Tomatenviertel darauf verteilen, mit dem Meersalz und etwas Zucker bestreuen und mit etwas Olivenöl beträufeln. Das Blech einige Minuten unter den Backofengrill schieben. Zum Schluß mit dem frischen Thymian bestreuen.

WEIN
Ein leichter, etwas gekühlter Rotwein.

Kalte Tomatensuppe nach Art des Hauses

Vorbereitung: 20 Minuten
Garzeit: 5 Minuten (am Vortag)
Zubereitung: einfach

Für 6 Personen

1 kg Eiertomaten, 2 EL Balsamico-Essig, 50 g schwarze Olivenpaste (Rezept Seite 177), 2 Scheiben weiches Brot ohne Rinde, 1 Spritzer Tabasco, 100 ml Olivenöl, 1/2 TL Zucker, Salz, Pfeffer, 4 kleine Frühlingszwiebeln, 1 Schalotte, 2 Knoblauchzehen

Die Tomaten 2 Minuten in kochendes Wasser legen, enthäuten und zerdrücken. Den Knoblauch und die Schalotte hacken und mit dem Olivenöl erhitzen, die Tomaten dazugeben und das Ganze 5 Minuten garen. Anschließend durch die feine Scheibe der Gemüsepresse passieren. Mit Essig, Tabasco, Salz, Pfeffer und Zucker abschmecken und über Nacht kalt stellen.

Das Brot in kleine Würfel schneiden. In einer Pfanne anrösten und mit der Olivenpaste bestreichen. Die Frühlingszwiebeln sehr fein schneiden. Die Suppe vor dem Servieren mit den Croûtons garnieren und mit der Frühlingszwiebel bestreuen.

Gefüllte Calamares

Vorbereitung: sehr zeitaufwendig
(am Vortag damit beginnen)
Garzeit: 2 Stunden
Zubereitung: schwierig

Für 8 Personen

6 mittelgroße Calamares, 1 Kalbsfuß, 6 Lammfüße, 5 Tomaten, 4 Knoblauchzehen, 1/2 l trockener Weißwein, 1/2 l Wasser, 3 cl Cognac
Für das Röstgemüse: 150 g Möhren, 100 g Zwiebeln, 1/2 Selleriestange, 1 Zweig Thymian, 1/2 Lorbeerblatt, 1 Kräutersträußchen, 3 EL Olivenöl, Salz, Pfeffer
Für die Farce: 250 g gehackte Petersilie, 300 g gepökeltes Schweinefleisch, Salz, Pfeffer aus der Mühle

Die Calamares säubern und kalt stellen. Den Kalbsfuß und die Lammfüße absengen und die Haare abschaben.

Das Gemüse putzen und in kleine Würfel schneiden. Das Olivenöl in einer Kasserolle erhitzen, das Gemüse, den Thymian und das halbe Lorbeerblatt hineingeben und gut umrühren.

Die Schwarte des Schweinefleischs mit der Hälfte des Röstgemüses in einen gußeisernen Schmortopf geben, den Kalbs- und die Lammfüße darauf legen und die geviertelten Tomaten darüberstreuen. Nacheinander den Wein und das Wasser angießen. Mit Salz und Pfeffer würzen und den Knoblauch und das Kräutersträußchen dazugeben.

Das Ganze zugedeckt 1 1/2 Stunden garen.

Abkühlen lassen und das Fleisch dann von den Knochen lösen. Den Kalbsfuß hacken und das Fleisch wieder in die Sauce geben. Die Sauce um ein Drittel einkochen lassen.

Die Petersilie und das Schweinefleisch hacken und vermengen. Die Mischung zusammen mit dem Lammfleisch in die Calamares füllen und würzen. Die Calamares zunähen, damit die Füllung nicht herausquillt.

Das restliche Röstgemüse in einer Pfanne mit Olivenöl anbraten. Die Calamares mit dem Cognac flambieren, zu dem Röstgemüse geben und mit Salz und Pfeffer abschmecken. Die reduzierte Sauce mit den Tomaten und dem Kalbsfuß darübergießen und weitere 30 Minuten garen. Die Calamares zum Schluß zur Seite stellen und die Sauce durchpassieren.

Dieses Gericht ist eine Eigenkreation, bei der ich die traditionellen Lammfüße nach Marseiller Art abgewandelt habe. Am besten schmeckt es aufgewärmt.

WEIN

Ein Bandol rouge, Domaine de Terrebrune,
ein ausgesprochen gehaltvoller Wein,
der sehr lange reifen muß.

Gratinierte, gefüllte Sardinen

Vorbereitung: 15 Minuten
Garzeit: 15 Minuten
Zubereitung: einfach

Für 6 Personen

24 kleine Sardinen (geschuppt und ohne Köpfe), 500 g Spinat, 1 Bund Sauerampfer, 100 g Tomatenconcassé (Rezept Seite 176), 1 Knoblauchzehe, 1 Bund Rosmarin, 2 EL geröstete Pinienkerne, Salz, Pfeffer, 2 EL Olivenöl

Den Spinat und den Sauerampfer waschen, entstielen und getrennt blanchieren. Die Sardinen filetieren. Die Hälfte der Sardinenfilets auf ein Brett legen und mit Salz und Pfeffer würzen, die andere Hälfte zudecken und kalt stellen.

Für die Farce das Olivenöl in einer Kasserolle erhitzen, die gehackte Knoblauchzehe, den Spinat und das Tomatenconcassé hineingeben und das Ganze 5 Minuten zerfallen lassen. Dann den Sauerampfer und die Pinienkerne dazugeben.

Die Farce grob mit einem Messer zerteilen und jeweils 2 Eßlöffel auf der Innenseite der bereitgelegten Sardinenfilets verteilen. Die restlichen Sardinenfilets darauf legen, mit Salz und Pfeffer würzen, mit etwas Olivenöl beträufeln und mit 1 Stengel Rosmarin zusammenstecken. Die Sardinen anschließend für 5 Minuten in den auf 230 Grad vorgeheizten Backofen geben.

Diese gefüllten Sardinen eignen sich hervorragend für einen sommerlichen Grillabend.

WEIN
Ein junger Clairette de Languedoc.

Lamm-Charlotte mit Auberginen

Vorbereitung: 30 Minuten (am Vortag)
Garzeit: 1 Stunde
Zubereitung: relativ schwierig

Für 6 Personen

1 1/2 kg Lammschulter oder -keule (ohne Knochen), 6 – 7 längliche, feste Auberginen, 50 g gehackte Zwiebel, etwas gehackter Knoblauch, 2 EL Mehl, 100 g Tomatenconcassé (Rezept Seite 176), Gewürzmischung aus 2 TL Kümmel, 1 TL Koriander, 1 TL Zimt und 1/2 TL Ingwer, 1 Zweig feingehackter Estragon, frischer Thymian, 1 Chilischote, 1 kleines Stück kandierter Ingwer, 1 1/2 l Weißwein, Schale von 1 Orange und 1 Limette, 100 g Honig, Salz, Pfeffer, Olivenöl, Basilikum

In einer Pfanne mit Olivenöl zunächst die gehackte Zwiebel, dann das in Würfel geschnittene Fleisch anbraten. Mit etwas Mehl bestäuben und den Wein angießen. Die Gewürze, die Kräuter, die gehackte Chilischote und den Ingwer unterrühren. Die blanchierte und gehackte Orangen- und Limettenschale, den Honig, das Tomatenconcassé und zum Schluß den Knoblauch dazugeben.

Abschmecken und 45 Minuten bis 1 Stunde garen, bis das Fleisch weich und vollkommen gar ist. Das Fleisch herausnehmen und die Sauce auf drei Viertel einkochen lassen.

Die Auberginen der Länge nach in Scheiben schneiden und mit Olivenöl bestreichen.

Unter dem Backofengrill goldgelb rösten und dann zum Abtropfen auf Küchenpapier legen. Die Auberginenscheiben rosettenförmig in eine Auflaufform schichten, das Fleisch darauf legen, mit einer Schicht Auberginenscheiben bedecken und mit einem Teller und einem Gewicht beschweren.

Über Nacht kalt stellen.

Kurz vor dem Servieren 30 Minuten bei schwacher Hitze in einem Wasserbad erwärmen und auf eine Servierplatte stürzen. In der Mitte mit Basilikum und Tomatenconcassé garnieren und mit der Sauce umgießen.

Diese Lamm-Charlotte zählt schon seit Jahren zu meinen Lieblingsgerichten. Sie entstand an einem Ostertag, als gerade Hochbetrieb herrschte, durch einen Fehler beim Lesen des Rezepts. Und so wurde mit einer raffinierten, exotischen Gewürzmischung aus einem deftigen Lamm-Tian eine delikate Lamm-Charlotte mit Auberginen.

Kalbsnieren mit Akazienhonig

Vorbereitung: 5 Minuten
Garzeit: 10 Minuten
Zubereitung: relativ einfach

Für 4 Personen

2 Kalbsnieren (von Haut, Fett und Sehnen befreit), 3 Schalotten, 50 g Butter, 50 ml Cidreessig, 3 EL Akazienhonig, 2 EL Madeira, 100 ml Weißwein, Salz, Pfeffer

Die Nieren in dünne Scheiben schneiden. 20 g Butter in einer Pfanne erhitzen, die gehackten Schalotten und die Nieren hineingeben und kurz anbraten. Den Honig dazugeben, umrühren und den Bratenfond mit dem Essig loskochen.

Die Flüssigkeit einkochen lassen und dann unter ständigem Rühren den Wein angießen. Mit Salz, Pfeffer und dem Madeira abschmecken. Die Sauce einkochen lassen und danach die restliche Butter in kleinen Stückchen dazugeben. Die Nieren herausnehmen, auf einen Teller legen, mit einem zweiten Teller zudecken und zur Seite stellen.

Die Sauce nochmals einkochen lassen, bis sie eine sirupartige Konsistenz angenommen hat.

Das Fleisch auf einer Servierplatte anrichten und mit Zwiebelbeignets (Rezept siehe unten) garnieren.

Zwiebelbeignets

Vorbereitung: 5 Minuten
Ausbacken: 5 Minuten
Zubereitung: sehr einfach

Für 4 Personen

3 Zwiebeln, 150 g Fritierteig (Rezept Seite 178), Fritieröl

Die Zwiebeln schälen, in Scheiben schneiden und in Ringe zerteilen.

Die Zwiebelringe durch den Fritierteig ziehen und anschließend sofort in das auf 180 Grad erhitzte Fritieröl geben. Sobald sie rundherum goldgelb sind, herausnehmen und zum Abtropfen auf Küchenpapier legen.

Die goldgelben Zwiebelringe sind sehr beliebt zum Aperitif.

Zucchini-Tomaten-Gratin

Vorbereitung: 10 Minuten
Garzeit: 25 Minuten
Zubereitung: einfach

Für 8 bis 10 Personen

8 schöne Zucchini, 8 kleine, feste Tomaten, 6 Eier, 6 EL Crème fraîche, 2 EL Butter, 2 Knoblauchzehen, 1 Bund frischer Thymian, 1 Msp. Curry, 1 Msp. Kümmel, 1 Msp. geriebene Muskatnuß, Salz, Pfeffer

Die Zucchini waschen, abtrocknen und in dünne Scheiben schneiden. Die Tomaten enthäuten und ebenfalls in Scheiben schneiden. Die Knoblauchzehen hacken und gegebenenfalls die Keime entfernen. Eine längliche Auflaufform mit Knoblauch ausreiben und mit Butter einpinseln.

Die Eier in einer Schüssel mit der Crème fraîche, den Gewürzen, dem abgezupften Thymian und dem Knoblauch verquirlen und mit Salz und Pfeffer würzen.

In die Auflaufform zunächst – möglichst dicht – eine Reihe Zucchinischeiben einschichten, daneben eine Reihe Tomatenscheiben. Den Vorgang so lange wiederholen, bis das Gemüse aufgebraucht ist. Die Form dann 5 Minuten in den auf 200 Grad vorgeheizten Backofen schieben.

Die Form wieder herausnehmen, die Eiermasse über das Gemüse gießen und das Gratin für weitere 20 Minuten zurück in den Ofen geben.

Rosmarinrisotto mit Artischocken und Wildkaninchenfleisch

Vorbereitung: 40 Minuten
Garzeit: 20 Minuten
Zubereitung: relativ einfach

Für 6 Personen

1 kleines Kaninchen (ohne Knochen), 4 Kaninchenlebern, 6 kleine Artischocken, 300 g Rundkornreis, 150 g Parmesan, 2 1/2 l Hühnerbrühe, 1 Bund frischer Rosmarin, 150 g Butter, 3 Möhren, 2 Zwiebeln, 1 Zitrone, Olivenöl, Salz, Pfeffer

Die äußeren, harten Blätter der Artischocken entfernen. Die Spitzen der übrigen Blätter mit einem Messer abschneiden, auseinanderziehen und das Heu entfernen. Die Artischocken dann in sehr feine Scheiben schneiden und mit Zitronensaft beträufeln, damit sie sich nicht verfärben.

Das Kaninchenfleisch in kleine, möglichst gleich große Würfel zerteilen. Die Vorderläufe für ein anderes Gericht aufheben. Die Fleischwürfel mit 3 Eßlöffel Olivenöl in einer Pfanne anbraten, auf eine Platte geben, mit Alufolie abdecken und warm halten.

Die feingewürfelte Zwiebel in die Pfanne geben, goldgelb anschwitzen und anschließend zu dem Fleisch geben.

Den Reis in die Pfanne einstreuen. Sobald er glasig ist, 2 Schöpflöffel heiße Brühe angießen und so lange rühren, bis der Reis die Flüssigkeit vollständig aufgesogen hat. Die Möhren fein würfeln und die Rosmarinnadeln sehr fein hacken und beides unter den Reis geben, sobald er gar ist. Anschließend 125 g Butter und den frisch geriebenen Parmesan hinzufügen und gut umrühren.

Die Leber kurz in der restlichen Butter anbraten – das Fleisch sollte innen noch rosa sein – und mit Salz und Pfeffer würzen.

Die Artischocken 3 Minuten mit 3 Eßlöffel Olivenöl anbraten und dabei mit ganz wenig Wasser begießen. Mit Salz und Pfeffer würzen.

Den Risotto in eine mit Öl bepinselte Auflaufform geben. Dann auf eine vorgewärmte Platte stürzen, die Fleischwürfel, die in dünne Scheiben geschnittene Leber und die Artischockenscheiben darauf verteilen. Mit Rosmarinzweigen garnieren.

WEIN
Ein Côtes du Luberon rosé, Domaine de la Citadelle.

Überbackene Polenta mit Basilikum

Vorbereitung: 5 Minuten
Garzeit: 15 Minuten
Zubereitung: einfach

Für 4 Personen

200 g feiner Maisgrieß, 3 EL Olivenöl, 40 g Butter, 1 Kugel Mozzarella, 1/2 l Milch, 1/2 l Brühe, 2 Knoblauchzehen, 1 Bund Basilikum

Die Butter mit 1 Eßlöffel Olivenöl erhitzen. Dann nacheinander den gehackten Knoblauch und das feingehackte Basilikum hineingeben. Anschließend den Maisgrieß einrieseln lassen. Mit einem Kochlöffel umrühren und das Ganze unter ständigem Rühren 5 Minuten garen. Mit Salz und Pfeffer würzen und nach und nach die kochende Brühe (oder kochendes Wasser) angießen. Die Flüssigkeit einkochen lassen. Anschließend die Milch zugießen und ebenfalls vollständig einkochen lassen.

Die Polenta mit einem Holzpfannenwender glattstreichen, mit Mozzarellascheiben belegen und mit Olivenöl beträufeln. Für einige Minuten unter den Backofengrill schieben, bis der Käse zerlaufen ist.

Sehr heiß in der Pfanne servieren.

WEIN
Ein Domaine de la Royère blanc, ein frischer, ausgewogener Wein.

Warmer Schokoladenkuchen

Vorbereitung: 10 Minuten
Backzeit: 30 Minuten
Zubereitung: einfach

Für 6 Personen

200 g Zartbitterschokolade, 200 g Butter, 125 g Mehl, 1 gestrichener TL Backpulver, 3 Eier, 150 g Zucker, 1 TL Instantkaffeepulver, 3 EL Crème fraîche

Die zerkleinerte Schokolade mit der Butter in einer Kasserolle im Wasserbad schmelzen. Dabei gut umrühren.

Die Eier und den Zucker mit dem Mixer schaumig schlagen. Nacheinander die Schokoladenbutter, die Crème fraîche, den Instantkafffee und das mit dem Backpulver gemischte und gesiebte Mehl unterrühren.

Eine Biskuitform (Ø 26 cm) mit Butter einfetten, mit Mehl bestäuben und den Teig hineingeben. Den Backofen auf 175 Grad vorheizen.

Die Form für 30 Minuten in den Ofen schieben. Mit einem Messer prüfen, ob der Teig durch ist (der Kuchen sollte aber noch weich sein) und warm servieren.

Sollten Sie den Kuchen erst am nächsten Tag essen, schieben Sie ihn noch einmal für 5 Minuten in den Ofen, dann wird er wieder locker.

DAZU PASST
ein Banyuls Grand cru.

Himbeerkaltschale

Vorbereitung: 10 Minuten
Garzeit: 35 Minuten (am Vortag)
Zubereitung: sehr einfach

Für 8 bis 10 Personen

1 1/2 kg Himbeeren, 500 g Zucker, 1/2 l Wasser, 100 ml Zitronensaft, frische Minze

Das Wasser mit dem Zucker 35 Minuten kochen. Den Sirup anschließend abkühlen lassen.

Am nächsten Tag die Hälfte der Himbeeren zerdrücken und durch ein Sieb streichen, um die Kerne zu entfernen. Mit dem Sirup und dem Zitronensaft verrühren.

Auf Schälchen verteilen, die restlichen Früche dazugeben und mit den Minzeblättern garnieren.

Diese köstliche, sommerliche Kaltschale läßt sich je nach Jahreszeit auch mit Erdbeeren oder Johannisbeeren zubereiten.

WEIN
Ein Muscat de Rivesalte.
Sein Bouquet erinnert an
Zitrusfrüchte und Blumen.

Unser Kräuterparadies

Unser Restaurant Carré d'Herbes *(Kräuterbeet) in Isle-sur-la-Sorgue, wo wir ebenfalls mit großer Begeisterung eine Küche pflegen, die viel mit frischen Kräutern arbeitet, ist eigentlich aus Großvater Léons Gemüsegarten entstanden. Der Kräutergarten wurde unmittelbar nach meinem Umzug nach Gordes angelegt. Zehn Quadratmeter Boden wurden gerodet, umgegraben, gedüngt und bepflanzt. Und so wachsen hier jetzt Minze, besser gesagt die verschiedensten würzigen und farbenfrohen Minzsorten, Bergamotte, Thymian, Rosmarin, Basilikum, Oregano, Zitronenmelisse, Bohnenkraut, Schnittlauch, Sauerampfer und all die anderen Kräuter, die wir in unserer Küche verwenden.*

Später wurde daraus das Carré d'Herbes, *das nur einen Steinwurf vom* Mas Tourteron *entfernt ist. Ein wunderschönes Gebäude, das mit etwas Ocker aufgehellt wurde. Die Tische werden von einer riesigen Voliere beschattet, die über und über mit duftendem Jasmin bewachsen ist. Auch dort gibt es vier Beete mit aromatischen Kräutern, die wir für sommerliche Gerichte – verschiedene geröstete Landbrote, ein Carpaccio mit Gemüse der Saison oder Gemüsepürees – verwenden.*

Die außerordentliche Farbenvielfalt der Provence spiegelt sich auch im Speisenangebot unseres Restaurants wider. Die ersten acht der folgenden Gerichte harmonieren mit aromatischen jungen Weinen.

Le Carré d'Herbes
TAURANT
98F
Beignets
Tartine du jour
Beurre d'anchois 45F
champignons

Geröstetes Landbrot mit Sardellen

Vorbereitung: 10 Minuten
Zubereitung: sehr einfach

Für 1 Scheibe Brot

1 Scheibe Landbrot, 3 Auberginenscheiben, 1 Knoblauchzehe, 1 TL Sardellenbutter, 3 dünne Scheiben Mozzarella, einige Basilikumblätter, 3 Sardellen in Öl, 1 TL Öl

Die Auberginenscheiben in Öl anbraten. Das Brot auf einer Seite rösten, die andere Seite mit der Sardellenbutter bestreichen und mit den Auberginenscheiben, dem feingehackten Knoblauch und der Mozzarella belegen. Das Brot dann einige Minuten unter den Backofengrill schieben. Mit den 3 Sardellen und den Basilikumblättern garnieren.

Geröstetes Landbrot mit Tomate und Parmaschinken

Vorbereitung: 10 Minuten
Zubereitung: sehr einfach

Für 1 Scheibe Brot

1 Tomate, 1/2 Kugel Mozzarella, 1 Scheibe Parmaschinken, einige Basilikumblätter, 1 Scheibe Landbrot, 2 EL Olivenöl, Salz, Pfeffer

Die Tomate enthäuten und in kleine Würfel schneiden. Die Mozzarella kleinschneiden. Das Brot auf einer Seite rösten, die Tomatenwürfel darauf verteilen, mit der Mozzarella bestreuen, mit etwas Olivenöl beträufeln und unter den Backofengrill schieben. Sobald der Käse schön zerlaufen ist, mit dem Schinken belegen, mit Basilikum garnieren und mit Salz und Pfeffer würzen.

Geröstetes Landbrot mit Fenchel und Ziegenkäse

Vorbereitung: 15 Minuten
Zubereitung: sehr einfach

Für 1 Scheibe Brot

1 Scheibe Landbrot, 1 Tomate, 1/2 kleine Fenchelknolle, 30 g frischer Ziegenkäse, 1 EL Basilikumblätter, 1 Frühlingszwiebel, Olivenöl, Salz, Pfeffer

Die Tomate kurz in kochendes Wasser legen, unter kaltem Wasser abschrecken, enthäuten und in kleine Würfel schneiden. Die Tomatenwürfel in eine Schüssel geben, mit Olivenöl beträufeln, das feingehackte Basilikum hinzufügen und mit Salz und Pfeffer würzen.

Das Brot auf einer Seite rösten, die Tomatenwürfel darauf verteilen, mit dem in dünne Scheiben geschnittenen Fenchel und dem Ziegenkäse belegen, mit Salz und Pfeffer würzen und mit etwas Olivenöl beträufeln.

Das Brot für 5 Minuten unter den Backofengrill schieben und vor dem Servieren mit der feingehackten Frühlingszwiebel bestreuen.

Sommerliche Rucolasuppe

Vorbereitung: 15 Minuten
Garzeit: 5 Minuten
Zubereitung: relativ einfach

Für 4 Personen

500 g Rucola, 100 ml Olivenöl, 100 ml Hühnerbrühe, 1 TL Balsamico-Essig, Salz, Pfeffer, 50 g Parmesan, einige kleine Croûtons, 1 EL Crème fraîche oder einige Eiswürfel

Die Rucola waschen. Die Hälfte der Blätter in 1 l kochendem Salzwasser blanchieren, abschrecken und in einem Geschirrtuch trocknen.

Die andere Hälfte der Rucola mit dem Olivenöl in der Küchenmaschine pürieren und mit Pfeffer würzen. Die blanchierten Blätter dazugeben und nach und nach die Hühnerbrühe angießen. Zu einem feinen Püree verrühren und kalt stellen.

Das Püree in eine Suppenterrine füllen, mit dem Balsamico-Essig und Salz abschmecken und mit dem gehobelten Parmesan und den Croûtons garnieren. Diese Suppe kann warm entweder mit 1 Eßlöffel Crème fraîche oder kalt mit einigen zerstoßenen Eiswürfeln serviert werden.

Die Rucola, ein Blattgemüse mit einem intensiven, pikanten und etwas herben Geschmack, ist vorwiegend im Mittelmeerraum anzutreffen. Man sollte nach Möglichkeit nur die kleinen und glatten Blätter verwenden.

Bunte Paprikapürees

Vorbereitung: 15 Minuten
Garzeit: 25 Minuten
Zubereitung: einfach

Für 6 Personen

je 3 grüne, rote und gelbe Paprikaschoten, 2 Selleriestangen, 6 Blatt Gelatine, 4 Estragonstengel, 1 Knoblauchzehe, 250 g Crème fraîche, einige Spritzer Tabasco, Olivenöl, Salz, Pfeffer

Die Gelatine in kaltem Wasser einweichen.

Die Paprikaschoten 20 Minuten im Backofen rösten, die Haut entfernen und das Fleisch nach Farben getrennt in Streifen schneiden. Die Knoblauchzehe hacken, den Sellerie fein würfeln.

In drei Kasserollen jeweils etwas Olivenöl erhitzen und die Paprikastreifen – nach Farben getrennt – hineingeben. Den Sellerie, den Knoblauch und den Estragon gleichmäßig auf die einzelnen Kasserollen verteilen, mit Salz und Pfeffer würzen und die Paprikaschoten einige Minuten köcheln lassen. Die Gelatine ebenfalls auf die drei Kasserollen verteilen und so lange rühren, bis sie sich aufgelöst hat. Mit Tabasco abschmecken, abkühlen lassen und anschließend getrennt pürieren.

Die Crème fraîche vorsichtig unterrühren und die Pürees in kleine Schälchen füllen.

Ich würde Ihnen empfehlen, diese drei frischen Pürees mit einem Olivenbrot (Rezept Seite 178) oder einem Fladenbrot zu reichen. Man kann dieses Püree auch aus Auberginen oder Tomaten zubereiten, dann ist der Effekt allerdings nicht ganz so farbenfroh.

Paprikakaltschale

Vorbereitung: 15 Minuten
Zubereitung: sehr einfach

Für 6 Personen

je 2 grüne, rote und gelbe Paprikaschoten, 4 Tomaten, 4 junge Frühlingszwiebeln, 50 ml Zitronensaft, 50 ml Olivenöl, 3 Knoblauchzehen, 1 TL Korianderkörner, 1/2 TL gemahlener Koriander, 1/2 Chilischote, Salz, Pfeffer, 1 EL Kümmel

Die Paprikaschoten im Backofen rösten, in eine Plastiktüte wickeln und anschließend die Haut abziehen. Die Kerne entfernen und das Fleisch in Streifen schneiden. Die Tomaten 2 Minuten in kochendes Wasser legen, enthäuten und in kleine Würfel schneiden.

Das Olivenöl erhitzen, dann nacheinander den gehackten Knoblauch und die Gewürze hineingeben und zum Schluß den Zitronensaft hinzufügen. Die Tomaten, die Paprikaschoten und die sehr fein gehackten Frühlingszwiebeln dazugeben, mit Salz und Pfeffer würzen und das Ganze 15 Minuten bei schwacher Hitze garen. Abkühlen lassen und eisgekühlt servieren.

Melonenkaltschale nach Art des Hauses

Vorbereitung: 5 Minuten
Zubereitung: sehr einfach

Für 6 Personen

4 relativ schwere Melonen, 3 EL Pastis, 6 Eiswürfel, Salz, Pfeffer, wilder Fenchel mit Blüten

Das Fruchtfleisch aus 3 der Melonen herauskratzen und die Kerne entfernen. Das Fleisch dann mit dem Pastis und den zerstoßenen Eiswürfeln in der Küchenmaschine pürieren, mit Salz und Pfeffer würzen und kalt stellen.

Die vierte Melone halbieren, die Kerne entfernen und mit einem Kugelausstecher Kugeln aus dem Fruchtfleisch ausstechen.

Das Melonenpüree in eine Terrine füllen, die Melonenkugeln hineingeben und mit den Fenchelblüten – ich nenne sie »Schirmchen« – garnieren.

Verwenden Sie möglichst schwere Melonen. Wenn sich beim Zerteilen auf der Schnittfläche Tropfen bilden, ist die Frucht richtig reif.

Menu du marché
Tartine de la bergère
Clafoutis aux cerises

PROVENCE
SECTOR
PERTUIS : les vol
de hifi échappent
aux policiers
DE L'EMPLOI
Le Prove

Gemüsecarpaccio

Vorbereitung: 30 Minuten
Garzeit: 15 Minuten
Zubereitung: relativ einfach

Für 6 Personen

3 kleine Zucchini, 3 längliche Auberginen, je 3 rote und grüne Paprikaschoten, 6 eingelegte Tomaten, 1 Bund Basilikum, 1 Bund Korianderkraut und Korianderkörner, 8 Knoblauchzehen, 200 ml Olivenöl, Saft von 3 Zitronen, Salz, Pfeffer, Parmesan

Zunächst die Paprikaschoten im Backofen rösten, die Haut abziehen und die Schoten zur Seite stellen. Die Auberginen der Länge nach in jeweils 6 dünne Scheiben schneiden. Diese in einer Pfanne mit Olivenöl goldgelb anbraten, würzen und beiseite stellen. Die Zucchini ebenfalls der Länge nach in je 6 Scheiben schneiden.

Die Zucchini dann in eine Schale legen, mit einigen Eßlöffeln Olivenöl und Zitronensaft begießen und mit Salz und Pfeffer würzen. 3 feingehackte Knoblauchzehen, die Korianderblätter und einige zerdrückte Korianderkörner darüberstreuen und kalt stellen.

Die Auberginenscheiben ebenfalls in eine Schale legen, mit Salz und Pfeffer würzen und 2 feingehackte Knoblauchzehen und die kleingeschittenen Basilikumblätter darüberstreuen.

Die Paprikaschoten der Länge nach halbieren, mit Olivenöl und Zitronensaft beträufeln. Einige Korianderkörner und die restlichen feingehackten Knoblauchzehen darüberstreuen und mit Salz und reichlich Pfeffer würzen.

Das Ganze zum Schluß mit den Tomaten wie einen Strauß auf einer Servierplatte anrichten.

Mit dem gehobelten Parmesan bestreuen und kalt stellen.

Eingelegte Tomaten bekommen Sie in italienischen Delikatessengeschäften. Sie werden getrocknet und anschließend in Olivenöl konserviert.

Gratinierter Dinkelrisotto

Vorbereitung: 10 Minuten
Garzeit: 45 Minuten
Zubereitung: relativ einfach

Für 4 Personen

500 g Dinkel, 2 l Hühnerbrühe, 100 g Butter, 1 Kugel Mozzarella, 4 Knoblauchzehen, Salz, Pfeffer, 1 kleines Bund Basilikum

Den Dinkel wie Bruchreis in der Küchenmaschine zerkleinern, dann 5 Minuten unter fließendem Wasser waschen und abtropfen lassen.

Die Brühe erhitzen.

50 g Butter in einer Pfanne zerlassen, den Dinkel und den gehackten Knoblauch hineingeben und 10 Minuten garen. Dabei laufend mit einem Kochlöffel umrühren.

Danach 1 Schöpflöffel Brühe angießen und einkochen lassen. Mit der restlichen Brühe genauso verfahren und dabei laufend gut umrühren. Dieser Vorgang dauert etwa 35 bis 40 Minuten. Der Dinkel sollte am Ende sehr weich sein.

Zum Schluß die restliche Butter unterrühren, das feingehackte Basilikum darüberstreuen und mit Salz und Pfeffer abschmecken.

Den Risotto in eine Auflaufform füllen, mit der in Streifen geschnittenen Mozzarella belegen, für 3 Minuten unter den Backofengrill schieben und anschließend sofort servieren.

Der Dinkel ist eine nahrhafte, widerstandsfähige Weizenart, die in unserer Gegend, dem Pays de Sault, angebaut wird. Aus diesem kleinen Vollwertkorn, das mehr und mehr den Reis verdrängt, lassen sich ausgezeichnete Cremesuppen und vorzügliche Tabboulehs zubereiten. Wir backen auch Bauernbrote aus Dinkelmehl.

WEIN

Ein einfacher, trockener, weißer Burgunder, nach Möglichkeit von den Hautes-Côtes.

Raffiniert gewürzte Kalbsbrustschnitte

Vorbereitung: 15 Minuten
Garzeit: 1 1/2 Stunden
Zubereitung: sehr einfach

Für 6 Personen

6 schöne Kalbsbrustschnitten, 3 Möhren, 3 Zwiebeln, 1 Schälchen Tomatenconcassé (Rezept Seite 176), 1 Bund Oregano, Schale von 1 Zitrone und 1 Orange, 6 Knoblauchzehen, 3 Petersilienstengel, 1/2 l Weißwein, 3 Limetten, 3 EL Mehl, 3 EL Olivenöl

Die Kalbsbrustscheiben in Mehl wenden. Die Zwiebeln und die Möhren hacken.

Das Öl in einem Schmortopf erhitzen und das Fleisch rundherum goldgelb anbraten. Herausnehmen und nun die Möhren und die Zwiebeln in dem Schmortopf goldgelb anschwitzen. Dann nacheinander die Hälfte des gehackten Knoblauchs, das Tomatenconcassé und das Fleisch hineingeben und gut umrühren. Den Weißwein angießen und mit Salz und Pfeffer würzen. Den Oregano fein hacken und in die Sauce geben. Zum Schluß die in Scheiben geschnittenen Limetten hinzufügen, den Topf zudecken und alles 1 1/4 Stunden garen. Das Fleisch herausnehmen und die Sauce 10 Minuten bei schwacher Hitze einkochen lassen.

Die Orangen- und die Zitronenschale blanchieren, gut abtrocknen, mit einem Messer fein hacken und in einer Schüssel mit dem restlichen Knoblauch und der gehackten Petersilie vermischen.

Das Fleisch kurz vor dem Servieren mit dieser aromatischen Würzmischung bestreuen. Sie wird Ihrer Sauce einen ganz besonderen Pfiff geben.

Zu diesen Kalbsbrustschnitten reicht man Reis oder selbstgemachte Nudeln. Die Brustschnitte ist ein saftiges, zartes Fleischstück, das beim Kalb oder Rind die Enden der Rippen umschließt. Man kann sie als Ragout zubereiten oder braten.

Entenbrust mit Kirschen

Vorbereitung: 20 Minuten
Garzeit: 15 Minuten
Zubereitung: einfach

Für 4 Personen

4 Entenbrüste, 750 g Kirschen, 1 Nelke, 1 TL weiße Pfefferkörner, Meersalz, 1 Löffel Honig, 1 Stückchen Butter, etwas Essig

Die Kirschen waschen, trocknen, entstielen und entsteinen. Ein Drittel der Früchte auspressen und den Saft mit etwas Essig verrühren.

Die Pfefferkörner und die Nelke zerdrücken.

Die Entenbrüste von Haut, Fett und Sehnen befreien.

Eine große Pfanne mit dickem Boden erhitzen und das Fleisch 4 Minuten bei großer Hitze rundherum goldgelb anbraten.

Die Fleischstücke auf eine vorgewärmte Platte legen und mit Meersalz bestreuen. Die Platte mit Alufolie abdecken und warm stellen.

Die Bratflüssigkeit entfetten, die Pfanne erneut auf großer Flamme erhitzen und die restlichen Kirschen darin anbraten. Den Honig und die Gewürze hinzufügen, mit Essig beträufeln und etwas einkochen lassen. Den Kirschsaft auf großer Flamme mit etwas Butter binden und unter die Sauce rühren.

WEIN
Cahors, ein lange gereifter Rotwein aus dem Südwesten Frankreichs.

Wildkaninchenterrine mit Kohl

Vorbereitung: 10 Minuten
(1 Tag im voraus) + 1 Stunde
Garzeit: 1¾ Stunden
Zubereitung: relativ schwierig

Für 10 Personen

2 kleine Wildkaninchen (ohne Knochen, in 20 Stücke zerteilt), 450 g Schweinegurgel, 1 Grünkohl, 1 Rotkohl, 1 Schweinenetz, 6 Eier, 1 EL Cognac, 1 Msp. Gewürzmischung aus Muskatnuß, Nelke und Zimt, Salz, Pfeffer, 1 EL Olivenöl
Für die Beize: 1 l Rotwein, 1 EL Cognac, 1 EL Olivenöl, 2 große, mit je 1 Nelke gespickte Zwiebeln, 3 geschälte Knoblauchzehen, 2–3 in dünne Ringe geschnittene Zwiebeln, 3 Wacholderbeeren, 1 Stück Orangenschale, 1 Kräutersträußchen

Am Vortag aus den angegebenen Zutaten eine Beize herstellen, über das Fleisch gießen und das Ganze 24 Stunden kalt stellen.

Am folgenden Tag die Schweinegurgel einige Minuten blanchieren, abgießen und abtropfen lassen. Die Vorder- und Hinterläufe der Kaninchen zusammen mit der Gurgel hacken und das Fleisch wieder in die Beize geben. Gut durchrühren und anschließend die Eier, die Gewürze und den Cognac hinzufügen. Nochmals gut durchrühren und 1 Stunde kalt stellen.

Die Kaninchenrücken zusammen mit den Lebern in einer Pfanne in heißem Olivenöl kurz anbraten.

Die Kohlköpfe zerteilen und die Blätter getrennt in kochendem Salzwasser garen. Unter fließendem Wasser abschrecken, abgießen und auf einem Geschirrtuch trocknen lassen. Anschließend die dicken Blattrippen herausschneiden.

Das Schweinenetz in kaltem Wasser einweichen, ausspülen und gut trocknen.

Eine rechteckige Pastetenform zunächst mit dem Schweinenetz und dann mit Rot- und Grünkohlblättern auslegen. Mit etwas Farce bestreichen, mit einigen Kohlblättern belegen und darauf die in Scheiben geschnittenen Kaninchenrücken und die ebenfalls aufgeschnittenen Lebern verteilen. Mit Farce bestreichen und noch einmal mit Kohlblättern bedecken. Zum Schluß das Schweinenetz darüber verschließen.

Das Ganze 1¾ Stunden bei 180 Grad im Wasserbad garen. Abkühlen lassen und danach mit einem Brett und einem 1 kg schweren Gewicht beschweren.

Ich serviere diese Terrine mit einer Konfitüre aus verschiedenen Früchten und Gemüsen und einigen in Essig eingelegten Kirschen (Rezepte Seite 176).

WEIN
Ein Château de Mille blanc, Côtes du Luberon, mit würzigem Bouquet.

Sommerlicher Aperitif

Wenn die Sonne hinter den Hügeln von Cabrières untergeht, lassen wir uns im Schatten der alten Weinlaube neben dem kleinen Brunnen nieder, um einem guten alten provenzalischen Brauch zu frönen, der wohl nie aus der Mode kommen wird: dem Aperitif.

Freunde kommen zu uns ins Lokal, um mit uns diese Momente einfachen Glücks zu teilen. Zu einem jungen, angenehmen und gut gekühlten Roséландwein oder einem hausgemachten Anislikör werden ein paar kleine Gaumenfreuden wie Gurkenhäppchen mit Kichererbsenpüree, verschiedene kleine Brötchen, knusprige Teigtaschen mit Wildreis und Ziegenkäse oder Möhrencrêpes gereicht.

Hausgemachter Anislikör

Vorbereitung: 1 Stunde
Zubereitung: relativ einfach

Ergibt 1 Liter

100 g Anis, 1 l guter klarer Schnaps, 500 g Zucker, 1/2 l Wasser

Den zerstoßenen Anis in einer gut verkorkten Flasche 10 Tage in dem Schnaps mazerieren lassen. Die Flasche dabei täglich drehen.

Aus dem Zucker und dem Wasser einen Sirup kochen.

Den Sirup mit dem Anisschnaps vermischen, das Ganze durchfiltern, in Flaschen abfüllen und kühl lagern.

Auberginenkaviar

Vorbereitung: 15 Minuten
Garzeit: 25 Minuten
Zubereitung: relativ einfach

Für 6 Personen

6 Auberginen, 2 Tomaten, 6 eingesalzene Sardellenfilets, 2 Knoblauchzehen, 1 Tasse Tomatenconcassé (Rezept Seite 176), Salz, Pfeffer, 150 ml Olivenöl

Die Auberginen waschen, der Länge nach halbieren, mit Olivenöl bestreichen und für 10 Minuten unter den Backofengrill schieben. Das Fruchtfleisch anschließend mit einem Löffel herauskratzen und zur Seite stellen. Die Tomaten enthäuten und entkernen. 3 Eßlöffel Olivenöl in einer Pfanne erhitzen, das Auberginenfleisch, die geviertelten Tomaten, die Sardellenfilets, die zerdrückten Knoblauchzehen und das Tomatenconcassé hineingeben und mit Salz und Pfeffer würzen. Gut umrühren und 15 Minuten bei schwacher Hitze köcheln lassen. In eine Schüssel füllen, das restliche Olivenöl in einem feinen Strahl mit dem Mixer unterrühren und das Püree kalt stellen.

Gurkenhäppchen mit Kichererbsenpüree

Vorbereitung: 40 Minuten
Garzeit: 1 1/2 Stunden
Zubereitung: relativ einfach

Für 6 Personen

250 g Kichererbsen (mindestens 12 Stunden vorher einweichen), 150 ml Olivenöl, 2 schöne Gurken, 6 Sardellenfilets in Öl, 2 Knoblauchzehen
Für die Gemüsebrühe: 1/2 l Wasser, 1 Zwiebel, 1 Nelke, 1 Lorbeerblatt, 2 Möhren, 1 Selleriestange, 1 Stück Orangenschale

Aus den angegebenen Zutaten eine Gemüsebrühe zubereiten, 10 Minuten kochen und anschließend abkühlen lassen.

In der Zwischenzeit die Gurken in dicke Scheiben schneiden und die Kerne mit einem Teelöffel herauskratzen.

Die Kichererbsen in die erkaltete Brühe geben, aufkochen lassen und abschäumen. Weitere 1 1/2 Stunden bei schwacher Hitze garen und dann abgießen.

Die Kichererbsen in die Küchenmaschine geben, das Olivenöl in einem feinen Strahl unterrühren, die zerkleinerten Sardellenfilets und den gehackten Knoblauch dazugeben und mit Salz und Pfeffer würzen.

Die Masse in eine Teigspritze füllen, die Gurken damit garnieren und kalt stellen.

Diese Gurkenhäppchen serviert man zum Aperitif oder auf einem kalten Büffet. Verwenden Sie dazu möglichst kleine Kichererbsen und lange, schön feste Gurken.

Kleine Möhrencrêpes

Vorbereitung: 15 Minuten
Garzeit: 10 Minuten
Zubereitung: sehr einfach

Für 8 Personen

2 schöne Möhren, 1 Bund Koriandergrün, Öl
Für den Crêpeteig: 3 Eier, 125 g Mehl, 300 ml Milch, 1 EL Sonnenblumenöl, 1/2 Päckchen Hefe, Salz, Pfeffer

Die Möhren reiben. Aus den angegebenen Zutaten einen Crêpeteig herstellen und die geriebenen Möhren und den gehackten Koriander unterrühren.

Eine Pfanne mit Öl einstreichen und erhitzen. Einen kleinen Schöpflöffel Teig hineingießen und den Crêpe von beiden Seiten kurz herausbacken. Den Vorgang so lange wiederholen, bis der Teig aufgebraucht ist.

Die Crêpes zum Abtropfen auf Küchenpapier legen und warm servieren.

Kohlröllchen

Vorbereitung: 20 Minuten
(1 Stunde im voraus)
Zubereitung: relativ einfach

Für 8 Personen

einige Grünkohlblätter, 2 Möhren, 200 g Stockfischpüree oder 1 frischer Stockfisch

Die Kohlblätter blanchieren. 2 Blätter in Streifen schneiden. Die Möhren in Stifte schneiden.

Eine Blatthälfte jeweils mit 2 Löffeln Stockfischpüree, Möhrenstiften und Kohlstreifen belegen. Die Blätter aufrollen und mit Frischhaltefolie umwickeln.

Die Röllchen dann 1 Stunde an einem kühlen Ort ruhenlassen und anschließend aufschneiden.

Zwiebelpizza

Vorbereitung: 20 Minuten
Backzeit: 20 Minuten
Zubereitung: einfach

Für 8 Personen

1 kg Zwiebeln, 600 g fertiger Pizzateig, 100 g Sardellenfilets, einige schwarze Oliven, Olivenöl, Salz, Pfeffer

Die Zwiebeln schälen, in dünne Ringe schneiden und diese in Öl bei schwacher Hitze goldgelb anbraten.

Den Teig auf einem Backblech 1/2 cm dick ausrollen und einstechen.

Mit den Zwiebeln und den Sardellenfilets belegen und die Oliven darüberstreuen. Mit Olivenöl beträufeln und mit Salz und Pfeffer würzen. Die Pizza 20 Minuten bei 180 Grad backen und warm servieren.

Spargel-Kräuter-Omelett

Vorbereitung: 15 Minuten
Garzeit: 5 Minuten
Zubereitung: einfach

Für 6 Personen

12 Eier, 1 Bund wilder Spargel, 2 EL Crème fraîche, 3 Frühlingszwiebeln, Schnittlauch, 1 kleines Bund Estragon, 1 Stückchen Butter, Salz, Pfeffer

Den wilden Spargel waschen, die Stengel in Stücke schneiden, kurz in kochendes Wasser legen und dann abschrecken.

Den Schnittlauch, die Frühlingszwiebeln und den Estragon sehr fein hacken und zur Seite stellen.

Die Eier aufschlagen und kräftig mit dem Schneebesen verquirlen. Die Crème fraîche unterrühren und mit Salz und Pfeffer würzen.

Die Kräuter und den Spargel untermengen. Etwas Butter in einer großen Pfanne erhitzen, die Omeletts herausbacken und anschließend vorsichtig auf eine Servierplatte gleiten lassen.

Zucchinibeignets mit Sardellen

Vorbereitung: 5 Minuten
Ausbacken: 2 Minuten (pro Beignet)
Zubereitung: einfach

Für 6 bis 8 Personen

300 g frische Sardellen, 2 Zucchini, 150 g Fritierteig (Rezept Seite 178), Fritierfett

Die Zucchini in dünne Scheiben schneiden, die Sardellen entgräten, waschen und abtrocknen. Jeweils 1 Sardellenfilet zwischen 2 Zucchinischeiben legen, feststecken und durch den Fritierteig ziehen.

Den Beignet 2 Minuten im heißen Fritierfett herausbacken und anschließend auf Küchenpapier abtropfen lassen.

Auberginen-Tomaten-Beignets

Vorbereitung: 5 Minuten
Ausbacken: 2 bis 3 Minuten (pro Beignet)
Zubereitung: einfach

Für 6 bis 8 Personen

2 Auberginen, 4 Eiertomaten, 150 g Fritierteig (Rezept Seite 178), Salz, Pfeffer, einige Salbeiblätter, Fritierfett

Die Auberginen in dünne Scheiben schneiden, jeweils 1 Tomatenscheibe und 1 Salbeiblatt zwischen 2 Auberginenscheiben legen.

Durch den Teig ziehen und 3 Minuten fritieren. Auf Küchenpapier abtropfen lassen und mit Salz und Pfeffer würzen.

Ausgebackene Zucchiniblüten

Vorbereitung: 10 Minuten
Ausbacken: 10 bis 15 Minuten (für alle Beignets)
Zubereitung: einfach

Für 6 Personen

12 Zucchiniblüten
Für den Teig: 120 g Weizenmehl, 1 Ei, 3 Eiswürfel, 2 Msp. Hefe, 1 Eiweiß, 1 Prise Salz, 1 EL Öl

Das Mehl in einer Schüssel vermischen. Dann nacheinander das Ei, die Hefe und die Eiswürfel (die sich auflösen müssen) unterschlagen und zum Schluß mit Salz abschmecken. Den Teig 10 Minuten ruhenlassen.

Das Eiweiß zu Schnee schlagen und unter den Teig heben. Das Öl erhitzen, die Zucchiniblüten durch den Teig ziehen, 1 bis 2 Minuten herausbacken und abtropfen lassen.

Ein Ausflug ans Meer

Nachdem wir das sumpfige Gebiet der Reisfelder um Arles hinter uns gelassen haben, fahren wir auf einer langen, schnurgeraden Straße, die unter der Hitze der Junisonne flimmert, in Richtung Vaccarès. Als wir an den Dünen der Salinen von Giraud vorbeikommen, entdecken wir zu unserer Rechten, mitten im Schilf, eine kleine, verwitterte Holztafel mit der Aufschrift »Beauduc«. Hier endet die geteerte Straße, und wir setzen unsere Fahrt auf dem ausgefahrenen Sandweg fort, der am Wasser entlangführt. Fasziniert vom Tanz vereinzelter Flamingos halten wir an, um diesem Schauspiel zuzusehen. Weiter hinten, im Sumpf, erkennt man die schwarzen Umrisse der massigen Camargue-Rinder.

Schon liegt es vor uns – Beauduc! Es sieht aus wie eine bunt zusammengewürfelte Mondlandschaft. Hier und da säumen ein paar rostige Wohnwagen und kleine Hütten den Strand oder das Wasser. Man glaubt, dies sei das Ende einer anderen Welt, eines abgeschiedenen Paradieses, wo die Einheimischen ein einfaches und unbeschwertes Leben führen.

Plattmuschelpfanne

Vorbereitung: 15 Minuten
(nach dem Säubern der Muscheln)
Garzeit: 5 Minuten
Zubereitung: sehr einfach

Für 6 Personen

1 kg Plattmuscheln, 2 Knoblauchzehen, 50 ml Olivenöl, 1 Bund Petersilie, Salz, Pfeffer, etwas Zitronensaft

Um die Muscheln vom Sand zu befreien, braucht man sehr viel Geduld. Die Muscheln einige Stunden in Wasser legen und anschließend unter fließendem Wasser gründlich spülen. Eine Pfanne ohne Fett erhitzen und die Muscheln hineingeben. 3 Minuten warten und die Pfanne dann zudecken. Den feingeschnittenen Knoblauch und das Olivenöl dazugeben und mit Salz, Pfeffer und Zitronensaft abschmecken. Zum Schluß die gehackte Petersilie hinzufügen.

Warm oder kalt servieren.

Sie können das Gericht geschmacklich etwas abwandeln, wenn Sie die Kochflüssigkeit abgießen und die Muscheln mit einer leichten Knoblauchsauce servieren. Die Plattmuschel, die in den Dünen der Camargue lebt, kann man dort das ganze Jahr über zu jeder Tageszeit sammeln. Am besten schmeckt sie allerdings im Sommer.

WEIN
Ein trockener Picpoul de Pinet aus dem Département Hérault.

Jakobsmuscheln mit Knoblauchsauce

Vorbereitung: 35 Minuten
Garzeit: 20 Minuten
Zubereitung: relativ schwierig

Für 6 Personen

12 Jakobsmuscheln, 2 Möhren, 1/2 Zwiebel, 2 Selleriestangen, 2 weiße Rüben, 1 Fenchelknolle, 1 große Zucchini, 4 EL Olivenöl, 1 Stück Orangenschale, 1 Lorbeerblatt, Safran, 4 Eigelb, 2 EL Crème fraîche, Meersalz, Pfeffer
Für die Knoblauchmayonnaise: 4 Knoblauchzehen, 1 rote Pfefferschote, 1 Stückchen weiches Brot ohne Rinde (in Milch eingeweicht), 1 Eigelb, 200 ml Olivenöl, Salz, Cayennepfeffer

Für die Knoblauchmayonnaise die Knoblauchzehen, die entkernte, feingehackte Pfefferschote und das ausgedrückte Brot im Mörser (oder in der Küchenmaschine) zerkleinern. Die Masse in eine Schüssel umfüllen. Das Eigelb unterrühren und mit Salz und Cayennepfeffer würzen. Die Mischung mit dem Olivenöl wie eine Mayonnaise aufschlagen und kalt stellen.

Die halbe Zwiebel, die Möhren, den Sellerie, die Rüben und die Fenchelknolle in feine Streifen und die gewaschene, ungeschälte Zucchini in dünne Scheiben schneiden.

In einer großen Kasserolle das Öl erhitzen. Das Gemüse – bis auf die Zucchini – hineingeben, die Orangenschale hinzufügen und mit Meersalz und Pfeffer würzen. Das Ganze 5 Minuten bei schwacher Hitze köcheln lassen. Die Zucchinischeiben und das Muschelfleisch dazugeben, weitere 7 Minuten garen und den Topf anschließend vom Herd nehmen.

Kurz vor dem Servieren die Eigelbe, 4 Eßlöffel Knoblauchmayonnaise und die Crème fraîche verquirlen. In die Kochflüssigkeit rühren und das Ganze so lange köcheln lassen, bis die Sauce eine cremige Konsistenz hat.

Das Gemüse auf sechs tiefe Teller verteilen, das Muschelfleisch in die Mitte geben und mit der Sauce begießen. Die restliche Knoblauchmayonnaise getrennt dazu reichen.

WEIN
Ein weißer Bordeauxwein,
vorzugsweise ein Pessac-Léognan.

Kleine Auberginenbeignets mit frischen Sardellen

Vorbereitung: 15 Minuten
Ausbacken: 10 Minuten
Zubereitung: relativ schwierig

Für 6 bis 8 Personen

4 große Auberginen, 300 g frische Sardellen, 24 große Salbeiblätter, 2 EL Olivenöl, Fritieröl, Salz, Pfeffer
Für den Fritierteig: 150 g Mehl, 1 Ei, 50 ml Wasser, 3 Eiswürfel, 1 EL Olivenöl, Salz

Für den Fritierteig das Mehl, das Ei, das Wasser, das Öl und die Eiswürfel in einer Schüssel verquirlen und mit Salz abschmecken.

Die Auberginen in dünne Scheiben schneiden. Das Olivenöl in einer Pfanne erhitzen und die Auberginenscheiben kräftig darin anbraten. Mit Salz und Pfeffer würzen, herausnehmen und auf Küchenpapier abtropfen lassen.

Das Fritieröl erhitzen. Die Sardellen waschen und entgräten, die Salbeiblätter waschen und trocknen. Je 1 Sardelle und 1 Salbeiblatt zwischen 2 Auberginenscheiben legen, in den Fritierteig tauchen und dann 2 Minuten im heißen Öl herausbacken.

Auf Küchenpapier abtropfen lassen und heiß servieren.

Diese kleinen Beignets eignen sich hervorragend zum Aperitif.

WEIN
Ein Saint-Chinian rosé aus dem Hérault.

Gebratene Rotbarbenfilets mit pikanter Sauce

Vorbereitung: 30 Minuten (zum Entgräten)
Garzeit: 5 Minuten
Zubereitung: relativ schwierig

Für 6 Personen

12 Rotbarben, 3 Knoblauchzehen, 2 Schalotten, 1/2 Pfefferschote, 1 Lorbeerblatt, 1 Thymianzweig, 1/2 EL gemahlener Ingwer, 200 ml Essig, 1 Glas trockener Weißwein, 1/2 EL Korianderkörner, 50 ml Olivenöl, Salz, Pfeffer

Das Öl in einer großen, beschichteten Pfanne erhitzen. Die feingeschnittenen Schalotten, die zerkleinerte Pfefferschote und den gehackten Knoblauch goldgelb darin anbräunen. Die Rotbarben filetieren und mit der Pinzette entgräten. Mit der Hautseite nach unten in die Pfanne geben, 2 Minuten anbraten, mit Essig beträufeln und mit Salz und Pfeffer würzen. Den Fisch dann herausnehmen und auf einer Platte anrichten.

Den Wein und die restlichen Kräuter und Gewürze mit der Kochflüssigkeit verrühren, das Ganze 2 Minuten einkochen lassen und die Sauce dann über die Fischfilets gießen.

Warm oder kalt servieren.

Muschelbällchen

Vorbereitung: 15 Minuten
Garzeit: 20 Minuten
Zubereitung: einfach

Für 4 Personen

50 g Plattmuschelfleisch, 150 g Wellhornschnecken (ohne Gehäuse), 100 g Wurstbrät, 3 Knoblauchzehen, 100 g Schweinenetz, 100 g Sahne, Salz, Pfeffer, 3 EL Olivenöl, Kräutermischung bestehend aus 1 Handvoll Spinat, einigen Sauerampferblättern, einigen Stengeln Petersilie und dem Grün einer blanchierten Porreestange

Die Kräuter mit dem Messer hacken, die gekochten Schnecken und das Muschelfleisch ebenfalls hacken. Das Olivenöl in einer Pfanne erhitzen. Das Wurstbrät, den gehackten Knoblauch, die Kräuter, das Muschel- und das Schneckenfleisch und zum Schluß die Sahne hineingeben. Mit Salz und Pfeffer würzen und gut umrühren. Das Ganze bei schwacher Hitze 5 Minuten garen und anschließend abkühlen lassen.

Den Teig zu Bällchen formen und in das zu kleinen Quadraten zurechtgeschnittene Schweinenetz wickeln. Die Bällchen in eine Auflaufform schichten und für 15 Minuten in den auf 200 Grad vorgeheizten Backofen schieben.

Abkühlen lassen und zum Aperitif, als Vorspeise oder zu einem Salat reichen.

WEIN
Ein junger Muscadet.

Wolfsbarsch in Salzteig

Vorbereitung: 20 Minuten
(+ 1 Stunde Ruhezeit)
Garzeit: 25 Minuten
Zubereitung: einfach

Für 6 Personen

1 schöner Wolfsbarsch (1 1/2 kg), 1 kg grobes Salz, 100 g Meersalz, 200 g Mehl, 150 ml Wasser, 2 Eiweiß, 1 Bund frischer Rosmarin, Pfeffer

Den Wolfsbarsch vom Fischhändler ausnehmen und die Flossen abschneiden (aber nicht schuppen) lassen. In den Kühlschrank stellen.

Den Rosmarin sehr fein hacken. Den Fisch innen mit 1 Eßlöffel Rosmarin würzen und anschließend kalt stellen.

Das grobe Salz, das Meersalz, das Mehl, die Eiweiße und 1 Eßlöffel Rosmarin in einer großen Schüssel vermengen und dann nach und nach das Wasser dazugeben, bis ein Teig entstanden ist. Den Teig 1 Stunde an einem kühlen Ort ruhenlassen. Anschließend den Boden einer Auflaufform damit auskleiden. Den Fisch darauf legen, mit Pfeffer würzen und mit dem restlichen Salzteig vollständig abdecken.

Bei 200 Grad 25 Minuten im Backofen garen.

Die Teigkruste vor dem Auftragen aufbrechen und den Fisch zerteilen.

Mit Rosmarinbutter oder Estragonmayonnaise (Rezept Seite 177) servieren.

WEIN

Ein Bellet blanc, ein spritziger, frischer Wein aus der Gegend um Nizza.

*P*izza mit Tintenfisch

Vorbereitung: 20 Minuten (+ Aufgehzeit)
Backzeit: 15 Minuten
Zubereitung: einfach

Für 6 Personen

Für den Teig: 225 g Mehl, 1 gehäufter TL Hefe, 2 EL Tomatenmark, 2 Knoblauchzehen, 1 TL Zucker, 100 ml Wasser, 2 EL Olivenöl, 8 frische Thymianstengel, 1 gehäufter TL Salz
Für den Belag: 400 g kleine Tintenfische, 600 g junger Spinat, 80 g Pinienkerne, 2 Knoblauchzehen, 1 Bund glatte Petersilie, 3 EL Tomatenpüree, Salz, Pfeffer, Olivenöl

Für den Teig die Hefe mit dem Zucker in 50 ml Wasser auflösen. Die Knoblauchzehen abziehen, gegebenenfalls die Keime entfernen und hacken. Den Thymian abzupfen. Das Mehl in eine Schüssel geben, das Tomatenmark, das Salz, den Knoblauch und den Thymian dazugeben und alles vermengen. Die angerührte Hefe, das Wasser und das Olivenöl dazugeben und den Teig kräftig durchkneten. Zu einer Kugel formen, diese in ein Geschirrtuch einschlagen und an einem warmen Platz gehen lassen. Anschließend noch einmal durcharbeiten und erneut etwas gehen lassen.

Für den Belag die Tintenfische waschen und ausnehmen, die Köpfe von den Fangarmen abtrennen und große Fische gegebenenfalls halbieren. Den Spinat waschen und die Stiele entfernen. Die Petersilie hacken. In einer großen Pfanne etwas Olivenöl erhitzen, die ungeschälten Knoblauchzehen hineingeben und das Öl damit aromatisieren. Anschließend die Tintenfische hineingeben und einige Minuten garen. Mit Salz und Pfeffer würzen und mit der gehackten Petersilie bestreuen. Den Spinat mit wenig Olivenöl in einer Pfanne zusammenfallen lassen. Die Pinienkerne in einer kleinen Pfanne ohne Fett goldgelb anrösten.

Den Teig dünn auf einem mit Mehl bestäubten Blech ausrollen und mit dem Tomatenpüree bestreichen. Nacheinander den Spinat, die Tintenfische und die Pinienkerne darauf verteilen.

Zum Schluß mit Olivenöl beträufeln und 15 Minuten bei 180 Grad backen.

Diese ungewöhnliche Pizza serviere ich gerne an einem Abend mit Freunden oder bei einem Picknick am Meer anstelle der traditionellen Pizza mit Sardellen und Käse.

WEIN
Ein Côtes du Roussillon rosé, beispielsweise vom Weingut Cazes in Rivesaltes.

Weihnachten mit der Familie

Weihnachten ruft viele Erinnerungen an Ereignisse und Bräuche in mir wach, die mich in meiner Jugend in Entzücken versetzt haben. Wir bezogen unser Winterquartier in Jouques, wo meine Eltern auf dem kleinen Berg, der sich über dem Dorf erhebt, ein hübsches Häuschen besaßen. Ganz in der Nähe lag eine winzige Kapelle mit Namen »Unsere liebe Frau«, in der die Christmette abgehalten wurde.

Am 24. Dezember kamen Scharen von Menschen an unserem Haus vorbei, die Fackeln trugen und auf dem Weg zur Mitternachtsmette waren, bei der Christi Geburt nachgespielt wurde. Die Schäfer hatten sich in ihre weiten Umhänge gehüllt und trugen neugeborene Lämmer auf den Schultern. Ihnen folgten hübsche Mädchen im Festtagsgewand, Flöten- und Tambourinspieler. Ich war fasziniert von diesem Zug und den mir unbekannten Bräuchen. Nach der Mette gingen wir zu einer befreundeten Familie, die schon von jeher in der Provence ansäßig war, um an einem großen Abendessen teilzunehmen. Wie staunten die beiden kleinen Mädchen, die meine Schwester Maryse und ich damals waren, als wir die Großmutter entdeckten, die zusammengekauert in ihrem alten Strohsessel vor dem riesigen Kamin saß und eine Pfeife rauchte, bevor sie zu Tisch kam.

Man hatte uns von den dreizehn Leckereien erzählt, die das Abendmahl symbolisieren sollten, das Christus mit seinen zwölf Jüngern geteilt hatte, und wir stellten uns vor, der Tisch würde sich unter der Zahl dieser Kuchen und Leckereien biegen. Wie viele dieser dreizehn Leckereien auf dem Tisch stehen, hängt davon ab, wie wohlhabend die Familie ist. Keinesfalls fehlen dürfen aber: Studentenfutter, Walnüsse, Haselnüsse, Feigen und Mandeln, Krokant und türkischer Honig, Datteln, Orangen und Rosinen und schließlich Maronen. Dazu kommen noch andere Leckereien wie kandierte Melone, Mandelgebäck und vor allem der Weihnachtskuchen. Dazu gibt es einen selbstgemachten Wein, der aus unvergorenem blauem Traubensaft hergestellt wird.

Viele Jahre sind seither vergangen. Liebe Menschen haben uns verlassen, andere sind dazugekommen, aber die Weihnachtsbräuche unserer Familie sind geblieben. Und jedes Jahr lasse ich sie für Emmanuelle und Chiara wieder aufleben und mache sie damit glücklich.

Schneckenspießchen mit Knoblauch-mayonnaise

Vorbereitung: 30 Minuten
Garzeit: 15 Minuten
Zubereitung: relativ einfach

Für 8 bis 10 Personen

1 Scheibe Moschuskürbis, 1 Dose gesprenkelte Weinbergschnecken, 6 Möhren, 1/2 Blumenkohl, 6 Kartoffeln, 500 g Brokkoli, 1 l pikant gewürzte Gemüsebrühe, 1 Stück Orangenschale, 3 Pfefferkörner
Für die Knoblauchmayonnaise: 1/2 Knoblauchknolle, 2 Eigelb, 1/2 l kaltgepreßtes Olivenöl, Salz, Pfeffer, einige Tropfen Zitronensaft

Das Gemüse putzen. Dafür den Blumenkohl und den Brokkoli in Röschen zerteilen, den Kürbis in Würfel, die Möhren in kleine Stücke und die Kartoffeln in Scheiben schneiden. Blumenkohl, Brokkoli, Kürbis und Kartoffeln jeweils getrennt dämpfen. Die Möhren in kochendem Wasser garen.

Für die Knoblauchmayonnaise die Knoblauchzehen im Mörser zerstampfen, mit den Eigelben und dem Olivenöl aufschlagen und mit Salz, Pfeffer und etwas Zitronensaft abschmecken.

Die Schnecken waschen. Die Gemüsebrühe erhitzen, die Orangenschale, die Pfefferkörner und die Schnecken hineingeben und 5 Minuten köcheln lassen. Anschließend abgießen und die Schnecken und das Gemüse abwechselnd auf Spieße stecken.

Die Spießchen warm servieren und die Knoblauchmayonnaise getrennt dazu reichen.

Dieses ausgefallene Gericht ersetzt beim weihnachtlichen Abendessen das traditionelle Aïoli mit Stockfisch.

WEIN
Ein weißer Coteaux-du-Languedoc-Wein.

Kardengratin mit Sardellen

Vorbereitung: 30 Minuten
Garzeit: 30 Minuten
Zubereitung: relativ einfach

Für 8 bis 10 Personen

2 schöne, feste Karden, 10 eingesalzene Sardellen, 1 Zwiebel, 1 Knoblauchzehe, 3 Eigelb, 250 g Sahne, 1/4 l Hühnerbrühe, 2 EL Mehl, 2 EL Olivenöl, etwas Essig, Pfeffer
Für die Karden: 2 Zitronen, 1 EL Mehl, 1 EL Olivenöl

Die Karden zunächst putzen – dabei die Fäden sorgfältig entfernen – und in eine Schüssel mit kaltem Wasser und dem Saft von 1 Zitrone legen.

In einer Schüssel 1 Eßlöffel Mehl, den Saft der zweiten Zitrone und das Olivenöl verrühren. In einer großen Kasserolle Wasser zum Kochen bringen, das angerührte Mehl mit einem Schneebesen einrühren, die Karden hineingeben und weich garen. Anschließend abgießen und in kleine Würfel zerteilen.

Die Sardellen waschen und entgräten. Das Olivenöl in einem Schmortopf erhitzen und die Sardellen zusammen mit der gehackten Zwiebel darin weich dünsten. Mit 2 Eßlöffel Mehl bestäuben, gut umrühren und den Knoblauch hinzufügen. Unter ständigem Rühren nacheinander die heiße Brühe, die Sahne und die Karden dazugeben und 10 Minuten kochen lassen. Die Eigelbe mit etwas Essig aufschlagen, unterrühren und das Gericht bei sehr schwacher Hitze weitere 5 Minuten köcheln lassen.

Das Ganze in eine Auflaufform füllen, mit einigen Sardellen garnieren und für ein paar Sekunden unter den Backofengrill schieben.

Nach dem Putzen der Karden sollten Sie Ihre Hände mit Zitronensaft abreiben. Denn dieses Gemüse hinterläßt – genau wie die Artischocke – Flecken auf der Haut.

WEIN
Ein Côtes-de-Provence-Rosé- oder Weißwein.

Friséesalat mit Sardellen

(Foto Seite 159)

Vorbereitung: 5 Minuten
Zubereitung: einfach

Für 8 bis 10 Personen

2 Friséeherzen, 3 EL Sardellensauce (Rezept Seite 177), 6 Sardellenfilets in Öl, Salz, Pfeffer

Den Salat gründlich waschen und trockenschleudern. In eine große Salatschüssel geben, mit der Sardellensauce begießen und würzen. Zum Schluß die Sardellenfilets kreuzförmig darauf anrichten.

Kartoffelkuchen mit Stockfisch

Vorbereitung: 15 Minuten
Garzeit: 1 Stunde 10 Minuten
Zubereitung: relativ einfach

Für 6 Personen

400 g gedörrter Stockfisch, 15 kleine Kartoffeln, 500 g sehr große Mangoldblätter, 20 entsteinte schwarze Oliven, 20 Knoblauchzehen, 80 g Butter, 1 Msp. Gewürzmischung aus Pfeffer, Muskatnuß, Nelke und Zimt, Salz, Pfeffer, 250 g Crème fraîche

Die Kartoffeln schälen und mit dem Pommes-frites-Schneider in feine Streifen schneiden. Waschen und abtrocknen.

Die Mangoldblätter 1 Minute in kochendem Wasser blanchieren und anschließend sofort abschrecken.

Die Butter schmelzen und abschäumen. Anschließend die Gewürzmischung hinzufügen.

Die Crème fraîche mit Pfeffer würzen und erhitzen. Den gewässerten Stockfisch in grobe Stücke zerteilen und zusammen mit 1 Eßlöffel gehacktem Knoblauch in die Crème fraîche geben. Das Ganze 10 Minuten köcheln lassen. Den Fisch herausnehmen, enthäuten und entgräten.

Die Kartoffeln mit der geklärten Butter und dem restlichen Knoblauch vermengen und mit Pfeffer abschmecken.

Eine hohe Auflaufform mit 28 cm Durchmesser mit Butter einpinseln und mit den Mangoldblättern – die matte Seite nach innen – auskleiden. Eine Schicht Kartoffeln darauf geben, mit Oliven und Stockfisch belegen und mit 2 Eßlöffeln der Kochflüssigkeit des Fischs begießen. Diesen Vorgang noch zweimal wiederholen und das Ganze zum Schluß mit Mangoldblättern abdecken. Die Form mit Alufolie verschließen und den Kartoffelkuchen im Wasserbad 1 Stunde im 130 Grad heißen Backofen garen.

Die Form herausnehmen und den Kuchen vollständig abkühlen lassen. Anschließend mit einem Gewicht beschweren und mindestens 2 Stunden an einem kühlen Ort ruhenlassen.

Dazu paßt eine Knoblauchmayonnaise.

Der Stockfisch wird meist in getrockneter Form angeboten und muß – je nach Dicke – 12 bis 48 Stunden gewässert werden. Dabei wird ihm das Salz entzogen und sein Volumen verdoppelt sich. Das Gefäß an einen kühlen Ort stellen und das Wasser alle 12 Stunden erneuern.

Bresse-Huhn »Mère Fillioux«

mit klarer Brühe und getrüffelten Fleischklößchen

Vorbereitung inklusive Garzeit: 3 Stunden
Zubereitung: schwierig

Für 4 bis 5 Personen

1 schönes Bresse-Huhn (2 kg), 1 Trüffel (ca. 80 g)
Für die Brühe: 1/2 l Weißwein, 1 Kalbshaxe, der Hals und die Karkasse von 1 weiteren schönen Huhn, 3 Möhren, 4 Porreestangen, 3 große Zwiebeln, 3 Knoblauchzehen, 2 Selleriestangen, 1 Lorbeerblatt, 1 Estragonstengel, 3 Nelken, einige Pfefferkörner, 1 Handvoll grobes Salz, 2 Eiweiß zum Klären der Brühe
Für die Farce: 200 g Hühnerfleisch (vom zweiten Huhn), 200 g Hühnerleber, 3 Schalotten, 1 Bund Estragon, 1 Trüffel (30 – 50 g), 2 EL Butter, Salz, Pfeffer
Für die Fleischklößchen: 120 ml Milch, 1 EL Butter, 3 EL Mehl, 1 Ei + 1 Eiweiß, 200 g Hühnerfleisch, 50 g geklärte Butter, 100 g Crème fraîche, 1 Trüffel (30 – 50 g), Salz, Pfeffer, Muskatnuß
Für die Gemüseeinlage: 5 kleine, runde weiße Rübchen, 5 junge Möhren mit Kraut, 200 g Erbsen, 200 g Prinzeßbohnen, 1/2 Bund grüner Spargel, eventuell ein paar süß-sauer eingelegte Kirschen (Rezept Seite 176), Salz, Pfeffer

Für die Brühe einen großen Kochtopf mit kaltem Wasser füllen und den Weißwein dazugießen. Den Hals, die Karkasse und die Schenkel des zweiten Huhns zerteilen und in den Topf geben. Die Flügel und das Fleisch aufheben. Die Kalbshaxe, die mit den Nelken gespickten Zwiebeln und die übrigen Zutaten hinzufügen. Langsam aufkochen lassen und dabei von Zeit zu Zeit abschäumen. Anschließend 1 Stunde bei schwacher Hitze köcheln lassen.

Für die Farce die Schalotten hacken und 200 g Hühnerfleisch vom zweiten Huhn in Würfel schneiden. Den Estragon fein hacken. Die Butter in einer Pfanne erhitzen und die Schalotten goldgelb darin anschwitzen. Die Hühnerleber dazugeben, 2 bis 3 Minuten unter Rühren anbraten und herausnehmen. Anschließend in derselben Pfanne das Hühnerfleisch mit dem Estragon anbraten und dann zu der Leber geben. Die Leber und das Hühnerfleisch in mundgerechte Stücke zerteilen und mit Salz und Pfeffer würzen. Die Trüffel hobeln und unter die Farce mischen.

Nun das Bresse-Huhn ausnehmen. Die größere Trüffel in dünne Scheiben schneiden und diese unter der Haut verteilen. Die Haut dazu – am Halsansatz beginnend – vorsichtig mit den Fingern anheben und die Trüffelscheiben zwischen Haut und Fleisch schieben. Das Huhn mit der Farce füllen, zunähen, in ein Musselintuch wickeln und in die erkaltete Brühe geben. Aufkochen lassen und danach 45 bis 50 Minuten garen.

In der Zwischenzeit die Fleischklößchen vorbereiten. Dazu das restliche Fleisch des zweiten Huhns kleinschneiden. Die dritte Trüffel hobeln. Die Milch mit 1 Prise Salz erhitzen. Sobald sie zu kochen beginnt, erst die Butter in kleinen Stücken und dann das Mehl einrühren. Den Topf anschließend vom Herd nehmen, das Ei hineingeben und alles gut umrühren. Das Hühnerfleisch dazugeben und das Ganze mit frisch gemahlenem Pfeffer abschmecken. Die Masse in eine Schüssel umfüllen, auf Eis stellen und löffelweise zunächst das Eiweiß und dann die Crème fraîche unterziehen. Zum Schluß die Trüffel hinzufügen. 8 bis 10 Klößchen aus dem Teig formen und kalt stellen.

Das Gemüse putzen und getrennt garen: die Möhren, die Rübchen, den Spargel 10 bis 12 Minuten, die Bohnen 7 bis 10 Minuten und die Erbsen 2 bis 3 Minuten. Das Gemüse sollte anschließend noch bißfest sein.

Von der Brühe, in der das Bresse-Huhn gart, 5 bis 6 Schöpflöffel abnehmen und in eine Kasserolle geben. Erhitzen, die beiden Eiweiße mit einem Schneebesen einrühren und das Ganze langsam aufkochen lassen. Die geklärte Brühe durch eine feuchte Serviette in eine zweite Kasserolle passieren. Warm stellen und abschmecken. Kurz vor dem Servieren, wenn das Huhn gar ist, nochmals etwas von der Brühe

abnehmen und die Fleischklößchen 3 Minuten darin garen.

Das Huhn mit den verschiedenen Gemüsen und der Farce servieren und dazu in Suppentassen die klare Brühe mit den getrüffelten Fleischklößchen reichen.

Mit diesem Rezept habe ich 1990 den ersten Preis beim Wettbewerb »Mères Cuisinières« in Vichy gewonnen, der zu Ehren von Mère Brazière, einer bekannten Köchin aus Lyon, veranstaltet und von der nicht minder bekannten Köchin Simone Lemaire organisiert wurde. Den Namen »Mère Fillioux« verdankt das Gericht einer hervorragenden Köchin aus Lyon, die für ihr Brathuhn und ihre Artischocken mit Stopfleber berühmt war. Von 1890 bis zu ihrem Tod im Jahr 1925 zerlegte sie mehr als 500 000 Hühner und das mit ein und demselben kleinen Messer, das vom vielen Schleifen ganz abgewetzt war und das einer ihrer Schüler später dem Musée de la Gastronomie in Villeneuve Loulet zur Verfügung stellte.

WEIN

Ein ausgereifter Chevalier-Montrachet vom Weingut Jacques Prieur oder ein Côte rotie (der Côtes-du-Rhône-Rotwein schlechthin).

Cremerolle mit kandierten Früchten, Nüssen und Honig

Vorbereitung: 25 Minuten
Zubereitung: relativ einfach

Für 8 bis 10 Personen

500 g ungesalzener Frischkäse aus Schafsmilch, 150 g kandierte Früchte (Melone, Orange, Zitrone, Kirschen), 150 g Krokant (vom Konditor), 200 g gemischte Nüsse (Mandeln, Haselnüsse, Pinienkerne, Pistazien), 250 g Crème fraîche, 180 g Blütenhonig, 10 Blatt Gelatine
Zum Garnieren: 150 g Sahne, kandierte Früchte Himbeer- oder Erdbeerpüree

Die Gelatine in kaltem Wasser einweichen. Den Honig erwärmen, die Gelatine einrühren und abkühlen lassen.

Die kandierten Früchte fein würfeln, die Nüsse grob hacken und den Krokant zerstoßen. Den Frischkäse in einer Schüssel mit einer Gabel zerdrücken und anschließend die Nüsse, die kandierten Früchte und den Krokant untermengen. Den Honig darübergießen und alles gut durchrühren. Dann vorsichtig die Crème fraîche unterziehen. Das Ganze 1 Stunde kalt stellen, damit die Masse fest wird.

Ein großes Stück Frischhaltefolie auf dem Tisch ausbreiten, die Masse darauf streichen und mit der Folie zu einer dicken Wurst rollen. Die Folie gut verschließen und in den Kühlschrank legen. Sobald die Rolle schön fest ist, die Sahne schlagen. Die Folie entfernen, die Rolle mit der Sahne bestreichen und mit einer Gabel verzieren. Zum Schluß mit ein paar Kirschen und kandierten Früchten garnieren. Das Püree in einer Sauciere getrennt dazu reichen.

In diesem Dessert finden Sie alle dreizehn traditionellen provenzalischen Weihnachtsleckereien.

Mandelkuchen mit Kardamomeis

Vorbereitung: 30 Minuten
Backzeit: etwa 20–30 Minuten
Zubereitung: relativ einfach

Für 8 bis 10 Personen

Für den Mandelkuchen: 300 g Zucker, 300 g gemahlene Mandeln, 200 g Aprikosenkonfitüre, Oblatenpapier, 100 g Puderzucker, 1 Eiweiß
Für die Eiscreme: 1/2 l Milch, 80 g Sahne, 100 g Zucker, 4 Eigelb, 10 Kardamomkörner, 1 1/2 EL Akazienhonig

Für den Mandelkuchen den Zucker, die gemahlenen Mandeln und die Aprikosenkonfitüre in eine Kasserolle mit dickem Boden geben. Alles gut mischen und das Ganze bei schwacher Hitze trocken werden lassen, dabei gelegentlich umrühren. Den Boden einer Kuchenform (Ø 26 cm) zuerst mit dem Backpapier und dann mit dem Oblatenpapier auslegen und die Masse darauf geben. Mit feuchten Händen die Masse gleichmäßig verteilen. Den Puderzucker und das Eiweiß steifschlagen und über die Masse geben. 20–30 Minuten bei 130 Grad im Backofen trocknen und anschließend abkühlen lassen.

Für die Eiscreme die Eigelbe mit dem Zucker schaumig schlagen und anschließend den Honig unterrühren. Die Milch mit der Sahne aufkochen lassen und die zerdrückten Kardamomkörner hineingeben. Die Milch mit der Honigcreme verrühren und das Ganze mindestens 30 Minuten ziehen lassen. Sobald die Masse gut abgekühlt ist, durchseihen und in die Eismaschine geben. Den Mandelkuchen aus der Form nehmen, Backpapier abziehen. Die Eiscreme getrennt dazu reichen.

Honigkrokant

Vorbereitung: 15 Minuten
(24 Stunden im voraus)
Garzeit: 20 bis 30 Minuten
Zubereitung: relativ schwierig

Für 12 Personen

1 kg Honig, 250 g geschälte Mandeln, 3 oder 4 Oblatenblätter (bekommen Sie bei Ihrem Konditor, falls er seinen Krokant selbst macht)

Den Honig in eine Stielkasserolle (sie sollte möglichst aus Kupfer sein) gießen und unter ständigem Rühren bei geringer Wärmezufuhr zum Kochen bringen. Die Mandeln dazugeben, das Ganze erneut aufkochen und anschließend 5 bis 6 Minuten karamelisieren lassen. Den Boden einer Holzform mit dem Oblatenpapier auslegen. Den Honig, sobald er braun zu werden beginnt, in die Form gießen. Mit einem zweiten Oblatenblatt abdecken und dann ein Brettchen darauf legen, damit der Krokant zusammengepreßt wird. Danach 24 Stunden abkühlen lassen.

Meine ersten Trüffel

Mit meinen ersten Trüffeln ist eine Kindheitserinnerung verbunden. Es war auf unserem hübschen Anwesen in der Nähe der Kapelle »Unsere Liebe Frau« in Jouques. Mein Vater, ein waschechter Pariser, ging – einen Stock in der Hand – auf Trüffelsuche. Die Ausbeute war allerdings meist sehr mager. Welch ein Spaß, ihn dabei zu beobachten, wie er unter den Eichen auf den Knien herumkroch, am Boden herumschnüffelte und dabei gewissenhaft herumscharrte, um den schwarzen Diamanten aus seinem Versteck hervorzuholen, mit dem wir am Abend unser Rührei veredeln wollten.

Geröstetes Landbrot mit Trüffel

Vorbereitung: 5 Minuten
Zubereitung: sehr einfach

Für 2 Brote

2 schöne Scheiben Landbrot, 1 Trüffel (50–70 g), Landbutter, 1 EL Meersalz

Das Brot auf einer Seite rösten und mit der Butter bestreichen. Die Trüffel in dünne Scheiben schneiden, die Brote damit belegen und mit Meersalz bestreuen.

Die Butter kann auch durch ein festes Olivenöl ersetzt werden. Ihre Brote verströmen dann einen Hauch von Provence.

Trüffel im Brotmantel

Vorbereitung: 15 Minuten
Backzeit: 10 Minuten
Zubereitung: relativ einfach

Für 4 Personen

150 g fertiger Brotteig (beim Bäcker erhältlich), 4 Trüffel zu je 25–30 g (oder mehr), 8 schmale Streifen Speck, 1 Eigelb, 1 EL Milch, Pfeffer

Die Trüffel waschen und abbürsten. Den Teig auf der bemehlten Arbeitsfläche zu vier Kreisen mit 10 cm Durchmesser ausrollen und diese anschließend kalt stellen.

Den Speck in einer Pfanne ohne Fett goldgelb anbräunen und dann auf Küchenpapier abtropfen lassen.

Den Brotteig aus dem Kühlschrank nehmen. Auf jedem Kreis 2 Speckstreifen kreuzförmig anordnen, 1 Trüffel in die Mitte setzen und mit Pfeffer würzen.

Den Teig darüberklappen und die Ränder mit Wasser bepinseln. Das Eigelb mit der Milch verquirlen, den Teig damit bestreichen und die Brötchen zur Seite stellen.

Den Backofen auf 200 Grad vorheizen. Die Brötchen 10 Minuten hineingeben und dabei laufend überwachen. Sie sollten rundherum eine goldbraune Kruste bekommen.

Die Trüffel im Brotmantel sind ein wahrhaft königliches Gericht. Man kann sie mit einer guten Landbutter und Meersalz als Vorspeise zu einem Festtagsgericht servieren.

WEIN

Ein Hermitage rouge, ein Wein mit einem angenehmen Nachgeschmack, oder ein Pomerol.

Rührei mit Trüffel

Vorbereitung: 5 Minuten (am Vortag)
Garzeit: 10 bis 12 Minuten
Zubereitung: sehr einfach

Für 4 Personen

1 Trüffel (ca. 50 g oder mehr), 10 Eier, 1 Stückchen Butter, 1 EL Crème fraîche, Salz, Pfeffer

Die Trüffel am Vortag unter fließendem Wasser mit einer kleinen harten Bürste abbürsten, um die Erde zu entfernen. Die Eier und die Trüffel in ein ausreichend großes Einmachglas legen und hermetisch verschließen. So nehmen sie das Trüffelaroma an.

Am folgenden Tag eine Kasserolle mit einem Stückchen Butter in ein Wasserbad stellen. Die Eier in einer Schüssel verquirlen und die Trüffel darüberreiben. Dabei 4 Späne zur Seite legen. Mit wenig Salz und Pfeffer würzen. Die Eier in die Kasserolle gießen und so lange mit einem Holzlöffel umrühren, bis eine dicke, cremige Masse entstanden ist. Die Crème fraîche unterrühren, mit den restlichen Trüffelspänen garnieren und sofort servieren. Das Rührei darf nicht warten...

WEIN

Ein Hermitage blanc, ein eleganter, kraftvoller Wein.

Meine Grundrezepte

Die folgenden Rezepte sind Bestandteile oder Beilagen für eine ganze Reihe von Gerichten. Ich würde Ihnen deshalb empfehlen, sie immer auf Vorrat zu haben.

Tomatenconcassé

Vorbereitung: 30 Minuten
Garzeit: 1 Stunde
Zubereitung: einfach

Ergibt 5 Kilogramm

3 kg Tomaten, 1 Knoblauchknolle, 3 Schalotten, 100 ml Olivenöl, 1 EL Zucker, 1 Bund frischer Thymian, 1 Bund Basilikum, Salz, Pfeffer

Die Tomaten einige Sekunden in kochendes Wasser legen, anschließend enthäuten, entkernen und vierteln.

Die Schalotten schälen, hacken und in einem Kochtopf in dem Olivenöl anschwitzen. Die Tomaten, die zerdrückten Knoblauchzehen, die abgezupften Thymianblättchen und das feingehackte Basilikum dazugeben und mit Salz und Pfeffer abschmecken.

Den Topf zudecken und das Ganze 30 Minuten kochen. Der Saft der Tomaten sollte vollständig einkochen. Das fertige Concassé abkühlen lassen und anschließend sofort verbrauchen oder in Gefrierdosen abfüllen und einfrieren.

Für dieses Rezept verwende ich Eiertomaten. Sie sind nicht so saftig und verlieren ihre Flüssigkeit deshalb schneller.

Konfitüre aus Winterfrüchten und -gemüsen

Vorbereitung: 10 Minuten
Garzeit: ca. 1 1/2 Stunden
Zubereitung: einfach

Ergibt 1 Kilogramm

300 g Kürbisfleisch, 2 Quitten, 2 Äpfel, 2 Birnen, 2 Möhren, 1 Selleriestange, 1 unbehandelte Zitrone, 1 Limette, 1 Stück Orangenschale, 1 l Cidreessig, 500 g Zucker, 2 TL Senfkörner, 5 Nelken, 1 Zimtstange, 2 TL gemahlener Ingwer, 2 kleine Pfefferschoten, 3 Knoblauchzehen, 1 kleine Ingwerwurzel

Den Essig mit dem Zucker in einer großen Kasserolle zum Kochen bringen. Den Knoblauch, die Pfefferschoten und den Ingwer hacken und mit den Gewürzen dazugeben.

Das Gemüse und die Früchte putzen und in kleine Stücke zerteilen.

Zunächst die Quitten, dann die Möhren, den Kürbis, den Sellerie und zum Schluß die Früchte garen und anschließend bei sehr schwacher Hitze 1 1/2 Stunden einkochen lassen.

Abkühlen lassen, in Marmeladegläser abfüllen und kühl lagern.

Diese Konfitüre ist ein Chutney nach Art des Hauses. Ich reiche sie zu den verschiedensten Terrinen.

Kirschen süß-sauer

Vorbereitung: 20 Minuten
(mindestens 1 Monat im voraus)
Garzeit: 10 Minuten
Zubereitung: einfach

Ergibt 1 Liter

1 kg Knorpelkirschen, 1/2 l Weinessig, 50 g Zucker, 2 Nelken, 1 Prise Pfeffer, 1 Estragonstengel, 1 Knoblauchzehe

Die Kirschen waschen und abtropfen lassen. Den Stiel mit der Schere bis auf 1 cm abschneiden.

Den Essig zum Kochen bringen und die Gewürze, den Zucker und den Knoblauch hineingeben.

Die Kirschen in ein Einmachglas füllen.

Den warmen Essig über die Früchte gießen, den Estragon dazugeben und das Glas verschließen. Innerhalb eines Monats verbrauchen.

Stockfischpüree

Vorbereitung: 15 Minuten
Garzeit: 25 Minuten
Zubereitung: einfach

Für 10 bis 12 Personen

1 kg gedörrter Stockfisch, 1/2 l Olivenöl, 1 Msp. Gewürzmischung aus Muskatnuß, Nelke und Zimt, 1 Knoblauchzehe, Pfeffer, 1 l Milch, 500 g Sahne

Den Stockfisch 24 Stunden wässern und dabei mehrmals das Wasser wechseln.

Die Milch in einer großen Kasserolle erhitzen und den gewässerten Fisch hineingeben. Ganz langsam zum Köcheln bringen und die Milch anschließend abgießen. 2 Löffel Olivenöl und den gehackten Knoblauch in eine ausreichend große Pfanne geben und 2 Minuten anschwitzen. Den entgräteten Stockfisch dazugeben, gut umrühren und den Fisch dabei zerkleinern.

Gleichzeitig das restliche Olivenöl in einer zweiten und die Sahne in einer dritten Kasserolle erhitzen. Das Öl und die Sahne dann eßlöffelweise unter den Stockfisch rühren.

Die Gewürzmischung darüberstreuen und das Ganze so lange aufschlagen, bis eine lockere, dickliche Creme entstanden ist. Mit Pfeffer abschmekken, nicht salzen.

Abkühlen lassen und an einem kühlen Ort aufbewahren.

Sardellensauce

Vorbereitung: 15 Minuten
Garzeit: 10 Minuten
Zubereitung: sehr einfach

Für 6 Personen

etwa 1 Dutzend eingesalzene Sardellen, 100 ml Olivenöl, 1 TL guter Essig, 1/2 Knoblauchzehe, Pfeffer

Die Sardellen unter fließendem Wasser waschen und ca. 10 Minuten wässern. Anschließend filetieren und dabei die Mittelgräte entfernen.

Das Olivenöl erwärmen. Die halbe Knoblauchzehe mit einer Gabel zerdrücken und in das Öl geben. Anschließend die Sardellenfilets und 1 Teelöffel Essig hinzufügen. Gut umrühren und darauf achten, daß es nicht zum Kochen kommt.

Mit frisch gemahlenem Pfeffer abschmecken und abkühlen lassen.

Estragonmayonnaise

Vorbereitung: 5 Minuten
Zubereitung: relativ einfach

Ergibt eine kleine Schüssel

3 hartgekochte Eigelb, Salz, Pfeffer, 3 EL Estragonessig, 2 Estragonstengel, 1 Knoblauchzehe, 200 ml Olivenöl

Die Eigelbe, den gehackten Knoblauch und den gehackten Estragon in eine kleine Schüssel geben und mit Salz und Pfeffer würzen.

Das Olivenöl zugießen und das Ganze mit dem Schneebesen zu einer Mayonnaise aufschlagen. Zum Schluß den Essig unterrühren.

Zu Fischgerichten reichen.

Schwarze Olivenpaste

Vorbereitung: 30 Minuten
Zubereitung: einfach

Ergibt 1 Kilogramm

300 g entsteinte schwarze Oliven, 200 g Sardellenfilets, 200 g Kapern, 2 EL Cognac, 4 Knoblauchzehen, 200 ml Olivenöl, 2 EL Senf, Pfeffer, Salz

Die Oliven, die Sardellenfilets, die Kapern und den Knoblauch in der Küchenmaschine zerkleinern. Den Senf und den Cognac hinzufügen. Das Olivenöl in einem feinen Strahl dazugießen und mit einem Schneebesen aufschlagen.

Mit Pfeffer würzen und gegebenenfalls mit Salz abschmecken.

Grüne Olivenpaste

Vorbereitung: 10 Minuten
(+ 30 Minuten zum Entsteinen)
Zubereitung: einfach

Ergibt 1 Kilogramm

500 g grüne Oliven, 100 g geschälte Mandeln, 2 EL Kapern, 6 Sardellenfilets, 150 ml Olivenöl, etwas Tresterbranntwein, Pfeffer, 1 Prise Salz

Die Oliven entsteinen und mit den Mandeln, den Kapern und den Sardellenfilets in die Küchenmaschine geben. Das Olivenöl in einem feinen Strahl unterrühren. Zum Schluß den Branntwein hinzufügen und abschmecken.

Kalt stellen.

Fritierteig

Vorbereitung: 5 Minuten
Zubereitung: sehr einfach

Reicht für eine Vorspeise für 8 bis 10 Personen

125 g Mehl, 100 ml Eiswasser, 2 EL Öl, 1 Ei + 1 Eiweiß, Salz

Das Mehl in eine Schüssel sieben, eine Mulde hineindrücken und das Salz, das Ei und das Öl hineingeben. Die Zutaten gut durchmengen und dann unter ständigem Rühren das Eiswasser unterarbeiten. Das Eiweiß zu Schnee schlagen und vorsichtig unter den Teig heben. An einem kühlen Ort aufbewahren.

Dieser besonders leichte Teig eignet sich vor allem als Fritierteig für alle Arten von Beignets (Auberginen, Fisch, Zwiebeln usw.).

Brandteig

Vorbereitung: 5 Minuten
Garzeit: 10 Minuten
Zubereitung: einfach

Ergibt 400 Gramm

120 ml Wasser, 120 ml Milch, 160 g Mehl, 110 g Butter, 5 Eier, 1 Prise Salz

Die Milch mit dem Wasser und der Butter erhitzen und das Salz dazugeben. Aufkochen lassen und den Topf dann vom Herd nehmen. Das Mehl hineinsieben und das Ganze mit einem Holzlöffel verrühren.

Den Topf wieder auf den Herd stellen, bis der Teig fest wird (er sollte sich anschließend zu einer festen Kugel formen lassen).

Den Teig in eine ausreichend große Schüssel geben und nacheinander die Eier unterrühren. Den Teig dabei nicht zu sehr durcharbeiten. Im Kühlschrank aufbewahren.

Süßer Sandteig

Vorbereitung: 5 Minuten
Zubereitung: einfach

Reicht für 2 Torten für je 8 Personen

250 g Mehl, 125 g weiche Butter, 1 Ei, 125 g Zucker, 1 Päckchen Vanillezucker

Das Mehl auf die Arbeitsfläche sieben und eine Mulde hineindrücken. Die weiche Butter rasch mit den Fingerspitzen unterkneten und dann das Ei, den Zucker und den Vanillezucker hinzufügen. Den Teig zu einer Kugel formen, in Frischhaltefolie verpacken und im Kühlschrank aufbewahren.

Olivenbrot

Vorbereitung: 15 Minuten
+ 2 Stunden (Aufgehzeit)
Backzeit: 10 Minuten
Zubereitung: relativ einfach

Ergibt 2 Brote

300 g Auszugsmehl, 150 g Vollkornmehl, 200 g schwarze Oliven, 15 g Hefe, 1 EL Salz, 1 EL Zucker, 2 EL Milch, 1/4 l Wasser, Pfeffer

Beide Mehlsorten mit dem Zucker und dem Salz in eine große Schüssel sieben und alles vermengen.

Die Hefe in der warmen Milch anrühren, anschließend mit dem Wasser unter das Mehl rühren und so lange kneten, bis ein homogener Teig entstanden ist.

Den Teig in ein feuchtes Geschirrtuch einschlagen und 1½ Stunden an einem warmen, nicht zugigen Platz gehen lassen.

Die Oliven entsteinen, grob hacken und mit Pfeffer würzen.

Den Teig, wenn er schön aufgegangen ist, auf der bemehlten Arbeitsfläche ausrollen und mit den Oliven bestreuen. Anschließend zu einer dicken Wurst formen und halbieren, so daß zwei Brote entstehen. Weitere 30 Minuten an einem warmen Ort gehen lassen. In der Zwischenzeit den Backofen auf 250 Grad vorheizen.

Die Brote oben etwas einritzen, auf ein Backblech legen und mit Wasser bepinseln. 10 Minuten backen.

Ich reiche diese kleinen Olivenbrote zu den bunten Paprikapürees.

Kleine Brotherzen

Vorbereitung: 15 Minuten + 1½ Stunden (Aufgehzeit)
Backzeit: 10 Minuten
Zubereitung: einfach

Ergibt 2 große oder 12 kleine Herzen

300 g Auszugsmehl, 150 g Vollkornmehl, 15 g Hefe, 1 EL Zucker, 1 EL Salz, 2 EL Milch, ¼ l Wasser

Mehl, Zucker und Salz in einer Schüssel vermengen. Die Hefe in der leicht angewärmten Milch anrühren und mit dem Wasser so lange unter das Mehl arbeiten, bis ein homogener Teig entstanden ist. Den Teig in ein feuchtes Geschirrtuch einschlagen und an einem warmen, nicht zugigen Ort 1½ Stunden gehen lassen. Sobald der Teig schön aufgegangen ist, Herzen daraus formen.

10 Minuten bei 220 Grad backen. Während des Backens gelegentlich mit Wasser besprühen.

Haselnuß-Mandel-Brötchen

Vorbereitung: 15 Minuten + 2 Stunden (Aufgehzeit)
Backzeit: 10 Minuten
Zubereitung: einfach

Ergibt 30 Brötchen

300 g Auszugsmehl, 150 g Vollkornmehl, 15 g Hefe, 1 EL Zucker, 1 EL Salz, 2 EL Milch, ¼ l Wasser, 150 g Mandeln, 150 g Haselnüsse

Einen Hefeteig – wie bei den kleinen Brotherzen – herstellen. Den Teig, sobald er schön aufgegangen ist, auf der bemehlten Arbeitsfläche zu einem großen Rechteck ausrollen und mit den gehackten Nüssen und Mandeln bestreuen. Zu einer Wurst formen und diese in kleine Stücke schneiden.

Weitere 30 Minuten an einem warmen, nicht zugigen Ort gehen lassen und anschließend 10 Minuten bei 250 Grad backen.

Bezugsadressen

LEBENSMITTEL

Olivenöl
Coopérative la Cravenco
Raphèle-les-Arles
Tel.: (0033 4) 90 36 50 82

Ziegenkäse
Babeth et Catherine
»Les Espagnols«
Lagarde d'Apt
Tel.: (0033 4) 90 75 03 60

Hülsenfrüchte (Dinkel) aus biologischem Anbau
Familie Fra
Bastide Notre Dame le Village
Lagarde d'Apt
Tel.: (0033 4) 90 75 01 42

Geflügel und Wild
Établissement Hugon
Halles Centrales (Großmarkthalle)
Avignon
Tel.: (0033 4) 90 86 30 26

Schokolade
Valrhona
Tain-l'Hermitage

ANTIQUITÄTEN

Thibaut Ayasse
Carré de l'Isle
13, avenue des quatre-otages
L'Isle-sur-la-Sorgue
Tel.: (0033 4) 90 38 61 25

Objets du hasard
Carré de l'Isle
13, avenue des quatre-otages
L'Isle-sur-la-Sorgue
Tel.: (0033 4) 90 38 54 58

Michel Biehn
7, avenue des quatre-otages
L'Isle-sur-la-Sorgue
Tel.: (0033 4) 90 20 89 04

Vincent mit L'ane
5, avenue des quatre-otages
L'Isle-sur-la-Sorgue
Tel.: (0033 4) 90 20 63 15

Eric Declerck
Carré de L'Isle
avenue les quatre-otages
L'Isle-sur-la-Sorgue

GESCHIRR UND TISCHDEKORATION

Maison quinta
3, rue Grande fabrique
Perpignan
Tel. (0033 4) 68 34 41 62

Michel Biehn
7, avenue des quatre-otages
L'Isle-sur-la-Sorgue
Tel.: (0033 4) 90 20 89 04

Édith Mezard
Château de l'Ange
Lumières
Tel.: (0033 4) 90 72 36 41

Souleïado
Place du Château
Gordes
Tel.: (0033 4) 90 72 01 99

Le grand magasin
24, rue de la Commune
Saint-Rémy-de-Provence
Tel.: (0033 4) 90 92 18 79

Ciergerie des prémontrés
Graveson

TISCHWÄSCHE

Édith Mezard
Château de l'Ange
Lumières
Tel.: (0033 4) 90 72 36 41

Les Toiles du soleil
3, rue Grande fabrique
Perpignan
Tel.: (0033 4) 68 34 41 62

Souleïado
Place du Château
Gordes
Tel.: (0033 4) 90 72 01 99

Beauvillé
19, route Ste Marie aux Mines
Ribeauvillé
Tel.: (0033 4) 89 73 32 17

GARTENBLUMEN

Pépinières Appy
Route Joucas
Roussillon
Tel.: (0033 4) 90 05 62 94

Les jardins de San Peyre
Carbière d'Avignon
Tel.: (0033 4) 90 76 98 85

S.O.M.A.I.R.
(Rasensprenger, Pumpen usw.)
Z.I. Grande Marine
L'Isle-sur-la-Sorgue
Tel.: (0033 4) 90 38 49 59
oder 90 38 05 88

WEINE AUS DER PROVENCE

Domaine de la Royère
Quart La Royère
La Sablière
Oppèdes
Tel. (0033 4) 90 76 87 76

Domaine de la citadelle
La Chataignier chd Cavaillon
Menerbes
Tel.: (0033 4) 90 72 41 58

Château de Mille
Route Bonnieux, Apt
Tel.: (0033 4) 90 74 11 94

Château de l'Isolette
Route Bonnieux, Apt
Tel.: (0033 4) 90 74 16 70

Domaine de Château blanc
Le Sage, Roussillon
Tel.: (0033 4) 90 05 64 56

Enclave Vinothèque
11, avenue Charles de Gaulle
Valreas
Tel.: (0033 4) 90 35 17 96

GÄSTEHÄUSER

Maison Garance
Hameau des Bassacs
Saint-Saturnin-les-Apts
Tel.: (0033 4) 90 05 74 61

Villa Velleron
Velleron
Tel.: (0033 4) 90 20 12 31

Danksagungen

Mein Dank gilt Catherine und Michel Biehn für das Brautkleid und das hübsche gelbe Geschirr; Édith Mézard, die mit ihren geschickten Händen das Tischtuch mit dem ABC und die weißen Leinenservietten für den Hochzeitstisch bestickt hat; Michèle Joubert, die mir für die Weihnachtsaufnahmen die Tore ihres schönen Schlosses in Gignac so bereitwillig geöffnet hat.

Ebenso danke ich Babeth und Catherine, den beiden Schäferinnen, die uns im Paradies ihrer Ziegen empfangen haben; Patricia, der Inhaberin der Boutique »Petit Boy«, die die kleinen Mädchen eingekleidet hat; Laurent Peilleron aus Beauduc, der das wunderbare Papier gefertigt hat; Monsieur Dupont, aus dessen herrlichem Garten die Zucchiniblüten stammten; Catherine, Thibaud, Manou, Jacques und Hervé, die mit uns das Essen im Freundeskreis geteilt haben; und nicht zu vergessen: Martine Albertin und Lydie Laurent, Jacqueline und Roland sowie Léa aus Luxemburg.

Vielen Dank für Eure Unterstützung und Eure Freundschaft.

Und nicht zu vergessen meine Freunde Christine und Michel Guérard, zwei große Kochkünstler, die in Augenblicken des Zweifelns mein Selbstvertrauen gestärkt haben.

Dank auch an Pierre Arditi für seine freundschaftlichen Worte. Ein besonderer Dank an meine ausgezeichnete und treue Mitarbeiterin Armelle, die mir seit nunmehr fast zehn Jahren in der Küche zur Hand geht.

E. B.

Rezeptübersicht

EIERSPEISEN

KÄSE

DESSERTS

MEINE GRUNDREZEPTE

Die Fotoaufnahmen wurden im Mas Tourteron und im Carré d'Herbes gemacht.

MAS TOURTERON
chemin de Saint Blaise, 84220 Gordes.
Tél. : 04 90 72 00 16
Fax : 04 90 72 09 81

LE CARRÉ D'HERBES
13, avenue des quatre-otages
84 800 Isle-sur-la-Sorgue
Tél. : 04 90 38 62 95

An Dich

Als ich Dich zum erstenmal sah, saßest Du vor vor einem riesigen Tablett mit Meeresfrüchten und schimpftest gerade, weil es keine Hummerzange gab, wie Du es aus Deiner Heimat, der Normandie, gewohnt warst. Du legtest also Wert auf einen vollendet gedeckten Tisch. Und ich schloß daraus, daß Du meine Küche sehr zu schätzen wissen würdest und erklärte Dich deshalb zu meinem »besten Gast«.

Du kamst in mein Leben wie die provenzalische Sonne, und selbst heftige Stürme konnten uns nicht entzweien. Aus dem Gast wurde der Sommelier und der Oberkellner, vor allem aber ein guter Familienvater. Mit Dir wollte ich immer wieder neu anfangen und weiter voranschreiten. Ohne Dich gäbe es unser Mas Tourteron *nicht…*

Hab Dank für Deine unendliche Geduld und all Deine Liebe, und möge noch ein langer gemeinsamer Weg vor uns liegen.

E. B.

Die Originalausgabe erschien 1996
unter dem Titel *La Cuisine Provençale du Mas Tourteron*
im Verlag Éditions du Chêne.
Redaktion: Philippe Pierrelée
Gestaltung: Cécile Degorce

Aus dem Französischen von Barbara Holle, München
Umschlaggestaltung: Heinz Kraxenberger, München
Redaktion der deutschen Ausgabe: Heike Pressler, München

 / 5 4 3 2 1
Satz: Filmsatz Schröter, München
Druck und Bindung: Rotolito Lombarda, Mailand
Printed in Italy
ISBN 3-576-11661-3